基督教历史与思想译丛

章雪富／主编 孙 毅 游冠辉／副主编

不灭的火焰
宗教改革简史

The Unquenchable Flame
Discovering the Heart of the Reformation

[英]迈克尔·里夫斯（Michael Reeves）

孙岱君

上海三联书店

The Unquenchable Flame
Discovering the Heart of the Reformation
by Michael Reeves

基督教历史与思想译丛 总序

在诸世界性宗教中,基督教因其信仰的历史性而具有特殊性。基督教所信奉的是一位历史的上帝,他道成肉身,经验人的软弱,与人类命运休戚相关,以无罪之身成为罪的赎价。在基督教而言,历史既是人记忆上帝的肉身,也是上帝救赎的经世。故而历代以降,基督教特别关注信仰群体对其所属时代的生活和思想的呈现,关注先贤们救赎经验的表达。历代基督徒的生平传记和著作本身是上帝在历史中的作为的彰显,对过往事件、人物和神学思想的研究本身则是基督教思想意识、信仰经验及情感内涵谱系的组成部分。基于当下的生存世界品读神学家、教会史以及其他事件的复杂形态,能够对历史的救赎特质有所诠释,显示基督信仰的历史品质,丰富基督教所谓的"为我们的上帝"观念的内涵。

本译丛所选译的诠释历代基督教思想及事件的著作也就不再是单纯的"述往",如同所有基督教经典作家们的初衷,本译丛的思想解读也着力于基督教共同体记忆的延伸,既努力地还原历代基督教的生存处境、思想情怀和喜乐忧戚,复原历代基督教及其神学的历史真貌,也呈现当代作者透过诠释和把握历史中的上帝及其共同体所要指向的精神之旅,成为塑造和传承的有力泉源,使得历史的诠释成为造成思想共识的桥梁,催生当代读者与历代基督教思想探索的某种共同视界,并借着对于历史意识的当代回归,使得蕴含在基督教文献中的思想内涵成为面向未来的真切记忆。

基督教是深深扎根于历史的宗教。历史地呈现基督教文献内涵,既可以清晰地观察其教义规范的形成进程,也可以了解历代教会及其信徒的生活处境,更能够从中理解千年以降的使徒统绪是如何被表达为普世万民的不同文化形式;历史地再现基督教的探索历程,有益于今天的读者更深层地了解一位历史中的上帝形象,以及他透过各种方式至今依然与生活所发生的种种关联。

是为序!

主编　章雪富

2013 年 12 月 8 日

献给贝珊

宗教改革关乎基督如何爱他的新妇

本书也是带着我对妻子的这种爱写成的

目录

中译本导言

追寻路德遭遇雷雨的那一夜

马丁·路德的传记《这是我的立场》,以路德的雷雨经历作开始:

1505 年 7 月一个闷热的夏日,在斯道特亨萨克逊村郊一条晒得焦干的路上,一个孤单的旅客拖曳着疲惫的身躯踽踽独行。他看来颇为年轻,个子短小精悍,一身大学生的打扮。将近村子的时候,已是四野昏朦,阴霾密布。突然间,洒下一阵骤雨,跟着便雷轰电掣,哗啦哗啦地倒下了倾盆大雨。一鞭闪电,撕裂了天际的沉郁,年轻人一跤摔在地上;他好不容易地挣扎起来,声色凄惶地喊着说:"圣安妮(St. Anne),救我! 我愿意作修道士。"[1]

另一本传记《路德:站在上帝和魔鬼之间的人》,则以路德的临终作结：

　　"可敬的牧师，在死亡来到之时，你会坚守基督和你所宣讲的教义吗？"

　　"是的，"路德清晰地最后一次回答。1546年2月18日，即使在他弥留之际，在艾斯莱本，远离自己的家，马丁·路德仍然无法逃避最后一次的公开考验，不能在临终最个人的一刻享有最后的隐私。他的长期密友犹士都·约拿斯(Justus Jonas)，在哈雷城的牧师，赶紧传召证人来到床边，摇动这个垂死之人的手臂，唤醒他最后的精神。路德时常祷告要有安宁的一刻，在生和死的事上信靠上帝，借此抵抗那最终、最痛苦的敌人撒但，这是上帝使人得释放、脱离罪恶的压迫的礼物。它把痛苦转化为不过一刻的短暂打击。[2]

　　《这是我的立场》一书的作者罗伦·培登(Roland H. Bainton)，系美国耶鲁大学教会史学家，文笔流畅且间带幽默，将16世纪维滕堡大学教授与修士路德，栩栩如生地呈现在读者眼前。相对于罗伦·培登直述式的传记，荷兰史家奥伯曼(Heiko A. Oberman)写的《路德：站在上帝和魔鬼之间的人》则明显采用历史分析的写作方法。后者重在分析与反思，而非重现路德生平。两位学者不单文风不同，写作形式有异，且在解释路德的神学突破时理念也相异。培登全书的重点之一是强调路德的灵性危机与"焦虑"(Anfechtungen)。[3]路德使用该词来形容自己面对的试炼，他在上帝面前的深度挣扎，有如《诗篇》90篇中提到的"隐恶"(诗90：8)。这个词也广为半世纪前研究路德的德国学者所普遍采用，用以解释路德的转变与改革。奥伯曼则提出了另一种看法，他认为当时出现了一种新奥古斯丁派，由此影响了路德对救恩的看法，继而产生了改教运动。

　　"伊拉斯谟下了一个蛋,马丁·路德把它孵出来。"这句俚语忽略了历史上还有许多可能的改教先驱,比如英国的约翰·威克里夫(1384年离世)和捷克的约翰·胡斯(1415年被烧死)。而就路德的思想渊源而言,不同学者提出了不同的可能选项。罗伦·培登在他的路德传记中,花了许多篇幅来描述奥古斯丁修道院院长施道比茨(Johann Von Staupitz)与路德的关系。1511年,路德从爱尔福特迁到维滕堡。有一天,施道比茨在一棵梨树下[4],劝导路德进修神学博士,并留在维滕堡大学任教。施道比茨具有神秘主义思想,也是路德的告解神父,但他一生效忠罗马教廷,不可能成为改教家路德的启蒙者。他临终时(1524年)引用《箴言》17:17来描述他与路德的交情:"朋友乃时常亲爱,弟兄为患难而生。"

　　另一早期观点认为,中世纪晚期的唯名论是改教运动的启蒙源泉。19世纪德国著名学者狄尔泰曾说,唯名论是西方理性神学的掘墓人,瓦解了中世纪的形而上学。[5]

　　阿利斯特·麦格拉思在《宗教改革运动思潮》一书中,介绍了中世纪晚期经院主义中的唯名论,其中心思想是区分信仰与理性,恩典与自然,尤其强调上帝的主权和旨意,但亦注重自由意志与恩典的合作,故而可能会高举人的意志在救恩上的作用,而这正是奥古斯丁所反对的。但唯名论(又名新路派)对上帝主权的重视,似乎是与路德及加尔文一脉相承,特别是唯名论对哲学的排拒,十分类似路德在海德堡辩论(1518年)中以十架神学对经院哲学的批判。但一个世纪以来,学者仍然无法在正反双方的论争中,确证唯名论的真正影响力。[6]

　　奥伯曼则主张路德深受新奥古斯丁主义的影响。他的路德传记的第二部分的主题即为"意料之外的改教运动"(Unintended Reformation)[7],这符合大家的共识,即路德、加尔文、茨温利、英格兰清教徒与小教派的激进改革者,都是在没有全盘计划的情况下,无心插柳柳成荫。其中一章为"改教运动的突破",这是每本路德传记或改教运动史都必处理的问题。奥伯曼尝试证明，当时的维滕堡大学出现了一种新思潮，以前常被误以为属于唯名论，其实是自成一体的新神学，他称之为"奥古斯丁式的新路派"。新路派的根源不在中世纪神学家，如托马斯、司各脱或奥卡姆的威廉，而在希波主教奥古斯丁。其代表人物是里米尼的格列高利（Gregory of Ramini），故又称"格列高利派"。该观点的特别之处在于强调在改教前夕出现了一个被人忽略的奥古斯丁神学的复兴。这一神学思想重新强调恩典的优先性与上帝的主权；改教运动的源起不是一些被火烧死的改革先驱，也不是一群中世纪末期探讨形而上学的哲学家，而是那位公元 4 世纪北非的"恩典博士"奥古斯丁。此种维滕堡的奥古斯丁神学，使路德可以借此全面抗拒经院哲学的入侵，也能过滤掉唯名论着重人的意志的帕拉纠主义。当然，也有学者不同意奥伯曼的观点，麦格拉思就提出了五点异议。[8] 19 世纪的美国普林斯顿神学院教授华腓德（B. B. Warfield）这样总结改教运动：从内部而言，改教运动是奥古斯丁的恩典论胜过了他自己的教会论。这句名言表明改教家如路德与加尔文都深受奥古斯丁的影响，而且天主教与改教家双方辩论时都援引奥古斯丁。然而，路德对奥古斯丁的理解与天主教非常不同。问题是我们无法清晰追溯当时是哪一派思想人物，直接引发了路德的神学突破。

有关路德的历史追寻问题，也出现在其他改教家的生平研究中，其中更棘手的是对加尔文生平与神学突破的探究。热情健谈的路德为我们留下了《桌边谈话录》，从中仿佛可见其唾沫横飞，宛如今天的读报一般。路德更在言谈间为我们留下了许多自传式的材料，尽管有学者质疑其准确性。路德还在他的拉丁文著作集（1545 年）中加上了一篇自传性前言。相比之下，对自己生平较为寡言的加尔文，却没有留下许多史料。加尔文要等他归正大约二十五年后，在日内瓦的书房内挥笔写就《诗篇注释》（1557 年）时，才提到他以前的悔悟。要准确推算加尔文悔悟的年份极为困难。

追寻每位改教家的悔悟日期,厘清他们的神学突破,这是西方改教研究锲而不舍的重要课题。如果说中世纪是一个上限明确、下限模糊的西方时代,那么改教时期则是一个上限模糊、下限明确的阶段。为什么一定要找出路德改教运动神学突破的起源呢? 最好的答案之一,是引用路德自己的话:"读者必须知道,我不是那些不知从什么地方冒出来的人,突然间便能完美透彻地明白圣经。"[9]如果连路德自己都承认事必有因,不是一夜之间的顿悟,那么历史学者就更有理由要寻根究底。

历史学家和神学家对改教运动的追寻像是拼图游戏。他们所推陈出新的种种理论,似乎没有还原历史真相,却丰富了我们对 16 世纪改革纷纭的了解。问题的核心可以总结为信心与历史事实(faith and fact)的对扬。具信心者,往往从信念来看历史,但却不易掌握事实之根据;探索历史者,往往只从事件着手,而无法参透事件背后的精神。基督教之道成肉身,可以说是信心与历史结合的告白,但如何能得之? 这就是改教运动研究史所要致力的目标。

德国哲学家眼中的改教运动

由日耳曼人马丁·路德所开展的改教运动,究竟在德国思想家眼中有何地位? 改教运动发生于 16 世纪,经过了 17 世纪的宗教战争与和议,欧洲进入了 18 世纪的启蒙时代。从德国的康德到法国的伏尔泰和卢梭,他们均对基督教持负面评价,再加上后来尼采的进一步批判,基督教被排拒在当时德国的知识界之外。尼采于 1900 年离世。当时德国国内经济繁荣,却面临日益恶化的多党制危机,对外则被英、法、俄等国围堵,在外交军事上处于下风。1914 年欧战爆发,四年后战败的德国进入了魏玛共和时期。

德国思想界在 1900 年普遍出现了一种"历史主义的危机"。当时德国表面繁荣，内外政局却相当混乱，社会充满了危机感。德国人感到自己的国家好像又回到了 16 世纪改教运动前夕，山雨欲来风满楼。但更重要的是在思想上的挑战。德国知识界经过了尼采式道德谱系的解构，视传统道德像圣经中扑朔迷离的家谱，认为信仰与价值不再是一脉相承，而是充满复杂与矛盾。

历史主义在狭义上是指一种 19 世纪的德国思潮，它视历史研究像自然科学研究一样，强调以实证科学的方法来分析历史语境与社会文化。此种科学式的历史观往往带有浓厚的决定论色彩，它相信每个时期的语言文化与生活方式决定了那时代的价值与生活形态，而不是宗教信仰与哲学主导文化思想。其次，科学式的历史观往往排拒哲学与神学的学术地位，认为一切价值均为历史的产物，所以这种历史观也被称为历史相对主义。从尼采到韦伯，德国思想家都在对抗此种历史相对主义，他们深深担忧历史主义的结果是一种欧洲式的虚无主义，导致传统价值失落。所以尼采要重溯前苏格拉底时期的希腊片段式哲学，以酒神狄奥尼索斯的精神，来恢复那生命意志的悲剧力量。韦伯要重寻中世纪的资本主义精神，借此来过渡至现代的新教伦理与资本主义的精神，由此而为现代西方世界安设一稳定的基础。故此，尼采对路德与改教运动的批判，很大程度上是他的文化批判的一部分，其重点不是论说基督教的是与非，而是要重寻尼采时代的欧洲文明的基本信念。[10]

尼采不单批判基督教，更抨击路德与改教运动。他形容路德是"灾难性的短视、肤浅和轻率"[11]，即像美国俚语所说的瓷器店里的公牛一般，或如本书（《不灭的火焰》）的章题所形容的：路德是上帝的火山。但尼采没有轻易完全否定路德的成就："至于路德的宗教改革的结果，无论好坏，今天是可以作出大略评价的；可是，谁又能天真地据此对路德作简单的毁誉呢？他对一切是没有责任的，他不理解自己的所为。"[12] 对于改教运动,尼采说是"中世纪精神的(双重)强化"[13],甚至"路德的宗教改革,就其整体来看,是出于'单纯'对'复杂'的义愤,说得谨慎些,这改革乃是一场误解,颇值得原谅的、粗俗而诚实的误解。"[14]

要理解尼采对基督教的批判,就涉及对尼采哲学的诠释,特别是他对虚无主义的抗争,不同的尼采学者都有不同的诠释。在尼采的宗教批判中,他批判最有力的人物是使徒保罗[15],相比之下,早期的尼采对路德与改教运动的论断却是多面的。其中最主要的原因是,尼采认为改教运动体现了他所渴求的前苏格拉底时期的希腊精神,借此可以抗拒欧洲精神的废弛,迎向那超人意志的回归。此外,尼采在方法论上开先河,他的道德谱系解构法,为后来的思想家研究改教运动提供了重要参考。改教运动不再是探究一些改教家的生平事迹与神学,而是从文化精神的角度来寻根溯源,要在思想史的谱系上来安设改教运动的地位。

当时出现了三位重要的思想家,他们都在著作中尝试借着重构改教运动来回应当时的"历史主义的危机":威廉·狄尔泰(Wilhelm Dilthey)、马克斯·韦伯(Max Weber)、恩斯特·特洛尔奇(Ernst Troeltsch)。

威廉·狄尔泰在哲学诠释学上极有贡献。他普及了"世界观"一词来取代旧有的人文科学,借此排除敌视形而上学与神学的偏见。他尝试对改教运动作出较正面的评价,以抗拒尼采的观点,但他的起点仍然是历史性的而非神学性的理解。狄尔泰认为改教运动像一把铁钳,将基督教的价值观直接插入了德国的社会和文化中。他特别赞许路德提倡婚姻,突破中世纪修道主义的束缚。[16]

马克斯·韦伯的经典名著《新教伦理与资本主义精神》更是大放异彩,将改教运动的研究推至前沿。韦伯的论证起点是路德的呼召观,即认为裁缝、鞋匠、工匠都有神圣的呼召。像本文所提及的德国思想家一样，韦伯对基督教与资本主义关系的论述是规范性而非描述性的，是韦伯的类型学比较而非对基督教作出实质性的研究。韦伯看似带有神学性的用语，经常会误导读者以为他是在论说基督教的信仰，但他其实始终是在做历史社会学研究，要处理的是西方文化的结构问题，研究人类的社会行动如何产生不同的社会现象。与其说韦伯是在探究宗教与神学，不如说他是在追踪宗教与神学的社会作用。他的研究重点是伦理与精神，只是以新教与资本主义作为个案，或他所说的理想类型。面对世纪之交的虚无浪潮，韦伯与他的同代人要力抗"无灵魂的人物，无心的享乐人，这空无者竟自负已登上人类前所未达的境界"。[17]

如果说狄尔泰与韦伯都尝试对改教运动作出较正面的评价，那么特洛尔奇便是要修正他们对基督教的看法。他是德国著名的社会学家和神学家，是韦伯在海德堡大学的同事。特洛尔奇肯定改教运动对现代西方的形成具有决定性的作用，他更形容加尔文是"工业资本主义真正的护理父亲"。他承认"韦伯完全证明了他的论点"。[18]但韦伯与特洛尔奇二人对改教运动与资本主义的看法是十分反合的。韦伯从未说基督教直接产生了现代资本主义，特洛尔奇也没有单纯地否定基督教与资本主义之间的直线关系。在《新教与进步：新教对现代世界出现的意义》一书中，特洛尔奇指出："新教对现代世界的重大意义无可争辩。重要的是这具有重要意义的内容，其细节如何在实际中产生作用。"[19]

特洛尔奇探讨了新教在家庭、法律、国家、经济社会、科学和艺术等领域中发挥的影响，得出以下结论："如果我们考虑所有这些因素，就会明显地看出新教没有铺设一条直路通往现代世界。相反，尽管新教带来许多新的思想，但从一开始，它就是教会文明（Church-civilization）权威的强化和复兴，完全是对中世纪思维的反应，由此便清除了一直以来试图建立自由世俗化世界的萌芽。"[20]

　　他在该书结尾进一步总结道:"虽然新教有助于现代世界的崛起,往往带来很大且富实质性的帮助,但却没有在以上各领域中成为真正的缔造者。甚至在某些情况下,它维护和强化了来自中世纪晚期的对立力量。"[21]

　　1904年,特洛尔奇与韦伯共赴美国参加世界博览会,此次行程加深了二人对美国的认识。韦伯搜集了许多资料,补充他已经出版的《新教伦理与资本主义精神》。特洛尔奇也在此次行程中获益良多,在1912年出版了《基督教社会思想史》。他在书中提出了大教会类型、小派类型与神秘主义类型的看法,认为这三种类型从一开始就存在于基督教教会,现在仍以不同程度存在于各宗派中。"大教会有力量激动群众,而在群众运动发生时,小派开始和大教会接近。神秘主义和科学独立有密切的关系,它成为文化阶级的宗教生活的避难所……仍然是大教会和小派所欢迎的补充力量。"[22]

　　从救赎的角度来看,"大教会被认为是一种为行赎罪工作起见而具有救恩的机关。它能接纳群众,使自己与俗世适应……小派是自愿的组织,是由严格信仰基督的人组成的。这些人团结在一起,因为大家全都经验过'重生',这些信徒与俗世脱离,组成小群,不重恩典,而重律法。"相比之下,神秘主义强调"个人的和内在的经验。这引起了完全以个人为基础的团体,这团体没有永久形式,而是有削弱礼拜形式、教义和历史因素重要性的趋势"。[23]

　　从上帝观与基督论来看,"大教会的基督是救世主,在他的拯救工作中一劳永逸地完成了赎罪,借着教会中牧师的职务、圣道和圣礼,把那救赎的益处赏赐给个人";小派强调的是"基督是主,是具有神圣权威和庄严的榜样与颁赐律法者。他让他的选民们在尘世的旅途上受轻视和苦难,但在他再来,建立上帝国时,他要完成他的赎罪工作"。最后,"神秘主义的基督是内在的,在宗教感的每一次颤动中都感觉得到,在神圣的'种子'和神圣的'火花'的每一影响中都存在的属灵原则"。[24]

从教会的社会作用来看，"大教会的目的在于成为人民的教会，因此它把所有神圣的性质从个人转移给客观的赎罪机关，认为这机关具有神赐的恩典和真理。小派的观点与此十分不同。它们并不希望成为大教会，而是希望成为圣徒的团契。小派是在国家和社会当中存在的一些小群。它们也认为自己具有福音的绝对真理，但它们宣称，这真理不是众人和国家所能掌握的，所以不愿受国家的干涉"。神秘主义的观点则完全不同，"它认为拯救的真理是内在的，相对的，为个人所有，不能言宣，存在于字里行间。既然那表现真理的圣经、教理和仪式的形式仅有相对的意义，所以神秘主义不依赖任何历史上的形式。圣灵的内在一体，很自然地把所有的人全统一在这完全是属灵的、无法具体表示的共同真理里面。"[25]

特洛尔奇指出，在宗教改革运动中，"大教会的思想是最占优势的，这是宗教改革的特性。路德之所以能对世界历史产生巨大影响，完全是因为他是一个教会改革者；之所以能对一个具有普遍性的组织发生影响，完全是因为他坚持教会有超自然的普遍性"。但是路德在其个人主义方面，强调"信徒皆为祭司的理论，凡人的宗教，和原始教会那借圣灵而获得对上帝的直接认识的复醒。在这一点，路德和小派相合"。[26]特洛尔奇以社会形式的结构来洞察改教运动的内部多元性，从此改教运动研究不再是片面说及路德、加尔文、茨温利、边缘改革派、天主教改革派等神学分野。经过韦伯与特洛尔奇洗礼的改教研究，要结合神学、历史学、伦理学、经济学、社会学等学科做全面文化史与思想史的探索了。

结语

发生在 16 世纪欧陆与英伦的宗教改革运动，至今仍是基督教界与社会文化界探讨的热点。英国历史学家阿克顿勋爵也是改教运动的专家，他曾说历史研究应集中在探讨问题而非年代。当我们回顾五百年前的改教运动，要知道重要的不再是 1517 这个数字，而是其代表的一场错综复杂的宗教、文化与社会运动。

作为历史研究对象的 16 世纪宗教改革运动，该领域博大高深，需要有专精的学理著述，也需要有深入浅出的综合性著作。正如科学是如此重要，故不能单由科学家来从事；神学如此重要，故不能只视为神学家的专职。同样，改教运动的重要性已超越了路德宗或加尔文主义的分野，属于所有基督信徒。作为学术研究对象的改教运动，更是当今跨学科的人文领域研究的热点。因此，改教运动研究的普及性著作十分重要。

英国学者擅长写综合性的历史著作，比如阿利斯特·麦格拉思的《宗教改革运动思潮》，还有本书《不灭的火焰》，均是杰出的概览式的历史著作，此外还有牛津大学教授迪尔梅德·麦卡洛克（Diarmaid MacCulloch）的《改教运动史》（*The Reformation：A History*，2005）。相比之下，欧陆与德国教会史学者则多是深挖型学者，他们可以写出许多路德研究或欧陆改教史的专著，却甚少提供宏观叙述。两种治史风格可谓各有所长。较突出的例外是德国思想家韦伯与特洛尔奇，他们二人跨越了英伦海峡与大西洋，尝试将 16 世纪的改教运动与西方现代性相关联，为人们提供了宏观式的比较史观。

《不灭的火焰》是一本有水平的普及著作。作者迈克尔·里夫斯博士是英国伦敦国王学院的神学博士，还著有《重要神学家的导论：由使徒教父到 20 世纪》（*The Breeze of the Centuries：Introducing Great Theologians—From the Apostolic Fathers to Aquinas*），《站在巨人的肩膀上：由路德至巴特的伟大神学家》（*On Giants' Shoulders：Introducing Great Theologians—from Luther to Barth*）。他也录制了一套名为"英国改教运动与清教徒"的视频。他曾经在威尔士福音神学院任教，目前是英国联合神学院的院长。

　　本书是一本深入浅出、全面介绍改教运动的好书，相信读者可以从中获得许多真知灼见，一方面可以观赏基督信仰在历史中的展现，另一方面可以了解一种道成肉身式的历史性信仰。对西方宗教改革史的追寻是我们对世界史与中国史探索中的一环，正如德国历史哲学家洛维特所言："认真地追究历史的终极意义，超出了一切认知能力，压得我们喘不过气来；它把我们投入了一种只有希望和信仰才能够填补的真空。"[27] 也就是这种带有信念的历史反思，更加突显了 16 世纪改教史的独特位置与重要性。

　　本书扼要地介绍了德国的马丁·路德、瑞士的胡尔德里希·茨温利（或译慈运理）、法国的约翰·加尔文，再加上英国的改革与清教徒，可以说为读者全面认识 16 世纪的宗教改革提供了一幅地图。此外，值得称赞的是本书的章题，比如以上帝的火山来比拟路德，以士兵和香肠来纪念茨温利，以黑暗之后的光明来描绘加尔文的日内瓦，以燃烧的激情来论说不列颠的改革，最后上场的是英国的清教徒，他们的使命是要对宗教改革再次进行改革。本书作者以上帝的火山来形容路德，就如同半个世纪前耶鲁大学的罗伦·培登那样，后者在其经典传记《这是我的立场》中，以生动的章题，比如"德意志的大力士""葡萄园中的野猪"来描绘路德，活化了历史人物，虽不免有简化之嫌，但仍不失生动传神。可见本书行文有所承习，将以往的改教历史重新叙述，让当今读者可以透过生动的文笔，再思五百年前改教运动的永恒意义。

陈佐人博士

（美国西雅图大学教授）

注释：

1. 罗伦·培登：《这是我的立场：改教先导马丁·路德传记》，陆中石译，南京：译林出版社，1993 年，第 2 页。

2. Heiko A. Oberman, *Luther：Man Between God and the Devil*（New York：Image Books，1992）。

3. 参见《这是我的立场》，第 19、38、309、333、338 页。

4. 参见《这是我的立场》，第 37 页。亦可参 Martin Brecht, *Martin Luther：His Road to Reformation，1483 - 1521*（Minneapolis：Fortress Press，1985），p. 125。

5. 参见 Lewis Spitz, *The Reformation：Material or Spiritual?*（Boston：D. C. Heather，1962），p. 9。

6. 阿利斯特·麦格拉思：《宗教改革运动思潮》，蔡锦图、陈佐人译，北京：中国社会科学出版社，2009 年，第 63—68 页。

7. 参见 Brad S. Gregory, *The Unintended Reformation：How a Religious Revolution Secularized Society*（Cambridge，Mass.：Harvard University Press，2015）。本书特别论及西方资本主义，视之为改教运动在宗教与神学改革的成就之外，最出乎意料的结果。该书还提及一本美国当代经典之作，阿尔伯特·赫希曼的《欲望与利益：资本主义胜利之前的政治争论》（冯克利译，杭州：浙江大学出版社，2015 年）。赫希曼以批判和反论的角度论及宗教改革与资本主义。

8. 参见《宗教改革运动思潮》，第 75—76 页。另参 Alister E. McGrath, *The Intellectual Origins of the European Reformation*（Grand Rapids：Baker Books，1995），pp. 108 - 115。

9. Heiko A. Oberman, *Luther：Man Between God and the Devil*, p. 157.

10. 对此种实证式历史主义的批判，参见卡尔·洛维特：《世界历史与救赎历史》，李秋零、田薇译，北京：商务印书馆，2016 年。

11. 尼采：《快乐的科学》，黄明嘉译，上海：华东师范大学出版社，2007 年，第 358 页。

12. 同上，第 359 页。

13. 同上，第 110 页。

14. 同上，第 357 页。

15. 同上，参见词组第 139、353 号。尼采论保罗的最长篇词组是《朝霞》，词组第 68 号，第 101—105 页。

16. Steven Ozment, *The Age of Reform：1250 - 1550*（New Haven：Yale University Press，1980），pp. 260 - 261.

17. 马克斯·韦伯：《新教伦理与资本主义精神》，康乐、简惠美译，桂林：广西师范大学出版社，2010 年，第 221 页。另参麦格拉思的《宗教改革运动思潮》第十四章，其中谈及宗教改革运动思想与资本主义的根源（第 260—262 页）。

较带有社会主义色彩的批评，参见 R. H. 托尼的《宗教与资本主义的兴起》（赵月瑟、夏镇平译，上海：上海译文出版社，2013 年）。托尼对韦伯的批评有与后来的特洛尔奇相近之处，两人都指出资本主义最终世俗化而走向享乐与物质主义，这与基督教伦理相违背。

18. Ernst Troeltsch, *Protestantism and Progress: The Significance of Protestantism for the Rise of the Modern World* (Fortress, 1987), pp. 135, 138.

19. Ibid.

20. Ibid. , p. 85.

21. Ibid. , p. 172.

22. 特洛尔奇：《基督教社会思想史》，戴盛虞、赵振嵩译，香港：基督教文艺出版社，1960 年，第 215 页。

23. 同上。

24. 同上。

25. 同上，第 216—217 页。

26. 同上，第 212 页。

27. 卡尔·洛维特：《世界历史与救赎历史》，第 7 页。

圣安德鲁斯市
爱丁堡

剑桥
牛津 伦敦
多特 明斯特
柏林
维滕堡
瓦特堡 布拉格
沃尔姆斯
巴黎 斯特拉斯堡
巴塞尔
苏黎世
日内瓦
阿维农
罗马

宗教改革运动重要历史地点图

引言

1521 年 4 月 16 日，这一天是星期三。傍晚时分，一辆带篷的马车驶入沃尔姆斯。此时，城里不知从哪里响起了号角声。成千上万的人站在街边，想要一睹他们英雄的风采。还有更多的人从街道两边的窗口和屋顶上挥动着这位英雄的肖像。这位英雄就是马丁·路德，坐在马车里的就是他。

他真是太受欢迎了，可是路德心里清楚，如此大受欢迎会有什么结果。实际上，他这次前往沃尔姆斯是去受审的，甚至可能会被处死。正像耶稣一样，他做好了赴死的准备。路德教导说，罪人唯独凭着信靠基督就可在上帝面前宣告被接纳。当时的天主教会对此大为恼火。他写的书被扔进火堆，大概过不了几天，他也会和这些书一样被焚烧。然而，路德心意已决，要誓死捍卫他的教导，他说："基督是永活的，就算有一切阴间权势的拦阻，我们也要去沃尔姆斯。"

次日，传令官来到路德的住处，传唤他前去主教宅邸受审。大街上人太多了，以至于传令官不得不偷偷带路德从屋后小巷走。即便如

16 世纪的沃尔姆斯

此，因为很多人爬到屋顶想一睹英雄的风采，所以当他们穿过屋后小巷时，还是被人发现了。午后四时，路德步入大厅。这位萨克森矿工的儿子，首次身着简朴的修士服，面见神圣罗马帝国的皇帝查理五世。查理五世当时统治着西班牙、奥地利、勃艮第、意大利南部和北部、荷兰，而且是"上帝在地上的总督"（God's Viceroy on earth）。当见到这位修士时，这位天主教会坚定的捍卫者低声咕哝了一句："休想把我也变成异端分子。"

路德被命令若无许可不得发言。随后，皇帝的发言人指着摆在他面前桌子上的一摞书，对路德说，他之所以被召来，是要看他是否承认这些书是以他的名义出版的。如果是，他是否愿意公开宣布撤回书中的观点。路德承认这些书是他写的，他说话的声音很轻，大厅里的人仔细听才听得到。可随后，他要求再给他一些时间，容他考虑是否需要公开宣布撤回书中的观点。这令所有人大吃一惊。事实上，路德曾想就他所教导的具体内容做一番分诉，没想到官方会直接要求他撤回所写的一切。他需要好好考虑。皇帝的发言人很不情愿地同意再给他一天时间，随后警告他说：若不悔改，等着他的将是最坏的结果。

第二天晚上六时，路德再次被带去见皇帝。大厅里挤满了人。天色昏暗下来，火把点燃了，整个大厅顿时闷热起来。路德也是汗流浃背。在场的众人看着他，原以为他会卑躬屈膝地为传播邪恶的异端思想俯首谢罪，请求宽恕，及至他开口讲话，所有的人都清楚知道这绝不可能。这一次，他不是柔声讲话，而是声如洪钟。他宣告说，他不会撤回对错误教导的攻击，否则那些破坏基督信仰的人就会更加肆无忌惮。"圣善的上帝啊,要是那样,我就成了何等邪恶与暴虐的工具啊!"皇帝恼怒地喊道:"不要再说了!"可路德并没有停下来。他继续说道,他若错了,请用圣经来驳倒他。若能驳倒,他情愿第一个烧掉自己写的书。

皇帝的发言人最后一次问他是否愿意撤回他的错误言论。路德斩钉截铁地答道:

> 我在书中引用了圣经上的话,而约束我的正是这些经文,我的良心无法摆脱上帝的真道。我不能撤回任何东西,也不会撤回。违背良心做事既不安全,也不正确。我别无选择,这是我的立场,愿上帝帮助我。阿们。

这绝不是咆哮公堂。对路德而言,让他自由、给他安全的只有上帝的真道。此外他没有别的保障。有了上帝的真道,他就有勇气站立得住。皇帝的发言人攻击他狂妄自大,以为全世界唯有他自己知道真理。面对这样的叫嚣,路德没有退缩。的确,在这一点上,他所抵挡的似乎是整个世界。

人群中有人叫道:"烧死他!"在一片呼喊声中,两个士兵护送他出了大厅。一大群人跟在他们后面,直到路德的住处。一进屋,他就举手欢呼:"我挺住了! 我挺住了!"随后他转身对一位朋友说,就算他有一千颗头颅,宁愿全部砍掉,也不愿丢弃福音。

而在皇宫大厅中,皇帝宣称:一个与整个基督教界对抗的修士,他一定是错误的,而且皇帝定意"以我的诸王国、领地、朋友,乃至我的血肉、生命与灵魂作为赌注"。战场的边界就这样划定了。宗教改革开始了。那天晚上,路德不只写下了历史的一页,也为此后每个世代带来了挑战。

第1章
回望中世纪的宗教： 宗教改革的背景

　　随着 15 世纪的过去，历史进入了 16 世纪。旧世界似乎正伴随着新世界的到来而逝去：罗马帝国的余脉拜占庭帝国业已崩溃；哥伦布发现了美洲新大陆；哥白尼的日心说颠倒了整个宇宙；路德重新塑造了基督教。一切旧世界的根基曾经看起来是何等稳固，而今在变革的风暴中都崩溃了，为一个迥异的新时代的到来扫清了道路。

　　今天回望过去，我们几乎无法想象那个旧时代到底是什么样子。看到"中世纪"这个词，人们会联想到一幅阴暗的、哥特式的画面，其中充斥着避世诵经的修士和迷信反叛的农民。一切在现代人看来都是那么怪异。我们是彻头彻尾的民主平等主义者，中世纪的人却看一切都是等级森严的；我们的生活围绕着如何培养、喂养并纵容自我，中世纪的人却尽其所能否定或贬低自我（或者，他们至少钦佩这样做的人）。要对比下去，真是没完没了。可这正是宗教改革的历史背景，是理解当时人们之所以那么热衷于神学的语境。宗教改革是一场革命。既是革命，它就是为着某个目标而战，也是为着反抗某些事物而战，而宗教改革所反抗的就是中世纪的罗马天主教。那么，在宗教改革之前的两个世纪，作一名基督徒是什么样的呢？

教宗、神父和炼狱

中世纪罗马天主教的条条大路都通向罗马，这不足为奇。耶稣曾对使徒彼得说："你是彼得，我要把我的教会建造在这磐石上。"就是这位彼得，据说在罗马殉道，并被葬在罗马，而教会正是建造在他身上。

簇拥教皇的队伍列队行进

于是，正如罗马帝国奉罗马城为母亲，奉凯撒为父亲。如今，天主教会的基督教帝国仍奉罗马教会为母亲，奉彼得的继任者为父亲，"爸爸"（papa）或"教宗"。与此稍有不同，颇令罗马尴尬的是在 11 世纪从罗马教会分裂出去的东正教会。然而每家都有一个败家子，其他基督徒都把罗马和教宗看成是不可取代的父母。没有教宗作父亲，就没有教会，没有教会作母亲，就没有救恩。

教宗被奉为基督在地上的"代理人"。作为代理人，他就是上帝的一切恩典涌流下来的管道。他有权力按立主教，主教也有权力按立神父。只有这些神职人员才有权柄开启恩典的水龙头。那些恩典的水龙头就是七件圣事：洗礼圣事、坚振圣事、圣体圣事、忏悔圣事、婚配圣事、授职圣事和临终圣事。* 有时这些圣事也被说成是基督身体的七根动脉血管，而上帝恩典的生命之血就是通过这些动脉输送下来。这一切看上去有着极强的机械论色彩，这正是要点所在。因为在罗马天主教会看来，平民百姓不识字，未受教育，因而没有能力有明确的信

---

* 这些圣礼依国内天主教的习惯译作圣事。——译者注

心。有了明确的信心固然好，但若不能有，那就只能退而求其次，"默从的信心"（implicit faith）也完全可以接受。而所谓"默从的信心"，就是一个人只要来到教会接受圣事就是信心了。他们若站在恩典的水龙头下，自然就会得到恩典。

人们首先是通过接受洗礼圣事（通常是在婴儿时期）被接纳进入教会的，并从而开始品尝到上帝恩典的滋味。然而，圣体圣事（即弥撒）才是整个系统真正的核心。只要走进本地的一所天主教堂，你就会明显地看到这一点。在教堂里，所有的建筑设计都朝向祭坛，也就是要施行弥撒的地方。之所以称为祭坛，是因为在做弥撒时，基督的身体要重新被献给上帝。日复一日，神父把这个"无血的"祭物献给上帝，重复着基督在十字架上所做的"有血的"献祭，借此上帝对罪的烈怒得到平息。每一天基督都被作为赎罪祭献给上帝。于是，每一天的罪都得到了处理。

然而，这个献祭过程有所欠缺，基督的身体并没有在祭坛上，神父手拿的不过是饼和酒而已，这一点不是很明显吗？这正是变体说教义的过人之处。根据亚里士多德的说法，每个事物都有其"本质"（内部固有之实在），也有其"偶性"（外在形态）。比如说，椅子的"本质"可以是木头，但其"偶性"就可能是褐色或肮脏。给这把椅子刷一下漆，它的"偶性"就会改变。变体说所想象的正好相反：饼和酒的质地在弥撒中被转化成基督真实的身体和血，而饼和酒原来的"偶性"未变。这一切看上去那么不着边际，然而有许多故事在天主教各教区流传，足以说服有疑惑的人。这些故事说某人看到了圣餐杯里有真正的血，或餐盘里有真正的肉等等。

一旦神父用拉丁文说出基督的话：*Hoc est corpus meum*（"这是我的身体"），变化的时刻就来临了。随后，教堂的钟声响起，神父举起饼。普通信众每年只有一次能吃到这饼（至于那杯中的酒，他们永远也喝不到。要是有哪位笨手笨脚的农民不小心把基督的血洒到地板上,那可怎么办?),他们只要望一眼被举起的饼,恩典就临到他们了。因此,有更为敬虔的人狂热地从一个教堂赶到另一个教堂,只为多望弥撒,从而得到更多的恩典,这就不足为奇了。

做弥撒时要说拉丁文。当然,信众一个字也听不懂。可问题是,神职人员中有许多人也听不懂,他们发现凭着死记硬背记住做弥撒时的台词,要比学一门全新的语言来得快。信众若听到 *Hocus pocus*,而不是 *Hoc est corpus meum*,谁知道错在谁呢? 更有甚者,神父被人发现背错了弥撒的台词。普通信众对于神父在做弥撒时说了什么浑然不知,这就很难把罗马天主教正统信仰与魔术和迷信区分开。对他们而言,祝圣过的饼就变成了有神奇法力的护身符,带在身上可以消灾免难,给生病的牲口吃可以治病,种到地里可以增加产量。在大多数时候,教会对于这种半异教的民间基督教都很宽容,然而,教会确曾采取过行动,来抵制这些滥用弥撒的做法。1215 年,第四次拉特兰公会议规定,变体的饼和酒"要在所有教会中被锁在安全之处,以免胆大妄为之人会拿它们去做可怕和不敬虔的事"。这表明当时的人们把弥撒尊崇到多么高的地位。

支撑整个中世纪罗马天主教体系和思想的是一种可追溯至奥古斯丁(354—430 年)的救恩论。准确说来,就是奥古斯丁的爱的神学(这个爱的神学居然会引起如此之大的恐惧是多么讽刺啊!)。奥古斯丁教导说,我们之所以存在,是为了爱上帝。然而,我们凭本性却做不到,必须祷告祈求上帝帮助。上帝凭"让我们称义"帮助了我们,而按照奥古斯丁的说法,"让我们称义"就是上帝把他的爱浇灌在我们心里(罗 5∶5)。这就是恩典的果效,而恩典据说是上帝通过这些圣事倾倒给我们的:上帝通过让我们更有爱心、更公正来"让我们称义"。据此而论,上帝的恩典就是让一个人变得更好、更公正、更公义、更有爱心所需要的燃料;而这种人至终就应获得拯救。这就是奥古斯丁所说的凭恩典得救。

　　上帝把他的恩典浇灌给我们，以至于我们更有爱，并因此配得拯救，这种说辞经由奥古斯丁说出，听起来或许美妙。但几个世纪以后，这样的思想渐渐蒙上了一层黑暗的色彩。中世纪的神学家以动听、乐观的口吻来谈论上帝的恩典如何工作。他们的口号令人雀跃："上帝不会拒绝把恩典赐给尽力而为的人。"可你怎么能确知你已尽力而为？你怎么能肯定你是那个配得拯救的人？

　　1215 年，第四次拉特兰公会议提出一项决议，希望能够对于所有寻求"被称义"的人都有益处，即要求所有基督徒定期向神父告解（否则将被永远定罪）。这样，基督徒的良心就可被探查，看里面是否有什么罪过或恶念，以便从他心中根除邪恶，使他更公义。可对于那些认真对待这一要求的人来说，它远没有给他们带来确据。神父在听人告解时会按照一份清单问如下问题："你祈祷、施舍、参加宗教活动，做这一切是为了隐藏你的罪吗？是为了给人留下好印象吗？还是为了让上帝更喜悦？你有没有爱亲戚、爱朋友、爱其他受造物多过爱上帝？你是否曾因天气不好、生病、贫穷、孩子或朋友去世而抱怨过上帝？"到头来，告解的人倒是更清楚地知道他根本不公义，根本就没有爱，他有的只是大量黑暗的欲望。

　　这一切的结果是使人陷入极深的困扰中，就像我们在写成于 15 世纪的玛乔丽·肯普（Margery Kempe）的自传中所读到的那样。玛乔丽是来自诺福克的一位女士。在这本自传中，她描述道：有一次，她向神父告解之后，自觉像她那样的罪人该被定罪，就吓坏了。她甚至开始看到在她周围有魔鬼在用爪子抓她，使她对自己又抓又咬。现代人倾向于把这种症状归因于精神不稳定。玛乔丽本人却明了，她情绪崩溃只不过是因她那一天对神学太认真了。她从告解中得知，她并没有公义到配得救恩。

　　当然，教会的官方教导清楚指出，没有人在死的时候，有足够的公义让他配得救恩。基督徒若不是犯了致死的罪，比如杀人罪，而且没有悔改（这样他必坠入地狱无疑了），那么他在死后还是会有机会，即他的罪会在炼狱中被慢慢地洗除净尽，然后他就洁净了，就可进入天国了。大约在 15 世纪末期，热那亚的凯瑟琳写了《论炼狱》（*Treatise on Purgatory*）一书。她在书中生动地描写了炼狱。她解释说，灵魂在那里渴望被洗洁、被净化，直到合乎上帝的要求，因而能够欣然接受惩罚。然而，那些比凯瑟琳更属世的灵魂，一想到几万年乃至几百万

炼狱中的一种刑罚

年的惩罚，就没那么愉快了。大多数人面对此种前景，没有任何喜乐可言，他们只想很快走完炼狱中的旅程，也想要他们所爱的人很快走过。他们为在炼狱中的人祈祷，也为他们做弥撒，相信上帝通过弥撒倾倒下来的恩典，可直接应用于已经去世或在炼狱中受刑罚的灵魂身上。

于是，一整套因炼狱的教导而出现的产业发展起来：有钱人设立小教堂，请神父专门在里面为他们以及他们的幸运受益人祈祷和做弥撒；不那么有钱的人也为着同样的目的联合起来，形成互助会（fraternity），共同出钱请神父。

中世纪天主教的另一个方面也不容忽视，那就是圣徒崇拜。欧洲各地到处是圣徒留下的圣迹。这些圣迹之所以重要，不仅有属灵方面的原因，也有经济方面的原因。圣迹往往有圣徒留下的足够多的遗物，这就保证有人源源不断地前来朝圣。这样一来，谁都不吃亏：朝圣客瞻仰了圣徒遗物，在圣迹收税的人也有了丰厚的收入。在整个中世纪，基督的形象在公众心目中变得越来越让人望而却步，这种状况似乎让圣徒崇拜兴盛起来，当然也有别的因素。复活升天的基督越来越被看作世界末日的审判者，全然圣洁可畏。谁能来到他面前呢？他肯定会听他母亲的话。于是，当基督退到天上去时，马利亚成了人们

罗伯特·格罗斯泰特（Robert Grosseteste，1168—1253）

当然，也不是每个人都毫无质疑地遵守官方规定。这里只举一个例子。罗伯特·格罗斯泰特于1235年就任林肯主教。他认为神职人员的首要工作应该是传讲圣经真理，而不是做弥撒。他自己就曾用英语讲道，而不是用拉丁语，为的是让会众听明白他讲的是什么。这在当时很少见。他曾和当时的教宗发生过几次冲突（比如，教宗曾把一位不会讲英语的神父安插进他的教区）。他甚至称教宗为敌基督，该为他的罪受永罚。说出这种话的人鲜有不被逼迫的，但格罗斯泰特在当时是名人，他不仅生活圣洁，也是学者、科学家和语言学家，所以教宗也拿他没办法。

赖以接近他的中间人。然而，马利亚也被赋予了很多荣耀，她转而又成了天上的女王，光芒四射，令人无法靠近。照此逻辑，人们又开始向马利亚的母亲安妮祈求，让她向马利亚代求。于是圣安妮崇拜兴起了，吸引了很多人热心敬奉，其中包括籍籍无名的德国人路德一家。不只是圣安妮，天上满是圣徒，都很适合作罪人和审判者之间的中间人。而地上似乎到处都是他们留下的遗物，这些遗物就是可以把他们的恩典和功德带给人的物件。当然，有些遗物是否真实，颇令人怀疑。有一个笑话说，在基督教世界的各处有太多"真十字架的残片"，要是加在一起，原来的十字架可就太庞大了，没有人能背得动。但基督能背得动，他毕竟是全能的。

马利亚和圣徒是给人尊敬的，不是要人来敬拜的。这是当时天主教会的官方说法。然而，对于未受教育的普罗大众而言，这一说法未免令人捉摸不定。更常见的情形是，整个圣徒群体被当作万神殿来对待，他们的遗物也就成了有法力的辟邪物件。怎么能把这么复杂的神学体系教导给不识字的百姓，让他们免于犯拜偶像的罪呢？现成的解

天上的女王马利亚，阿尔布雷希特·丢勒（Albrecht Dürer）作于1511年的木刻版画

决办法是这样的：哪怕是在最简陋的教堂里，百姓都置身于圣徒和童贞女马利亚的图画和形象中间。这些图像或是玻璃彩绘，或是雕像，或是壁画。这些就是"穷人的圣经""不识字之人的书卷"。既然无法借助文字，百姓就从图像中学到知识。然而，这一说法未免有点空洞。童贞女马利亚的雕像几乎不能教导人区分尊敬与敬拜。此外，天主教会的礼拜都是用拉丁文来进行的，而百姓大多不懂拉丁文，单从这一点就可看到，教导百姓并不是天主教看为优先的工作。有些神学家想要绕过这一点，他们辩解说，拉丁文是神圣的语言，并因而大有能力，甚至足以给不懂拉丁文的人带来影响。这听起来就不太可能。实际上，在他们看来，百姓不需要听懂才可以领受上帝的恩典。一种未成形的"默从的信心"就足以让他们领受上帝的恩典了。的确，因为缺乏教导，也就只能这样了。

活力还是疾病？

你若运气不佳，发现自己和一群研究宗教改革的历史学家同处一室，你若想要活跃一下气氛，那就不妨大声抛出这个问题："在改教的前夜，基督教是朝气蓬勃的，还是腐败透顶的？"我保证你会引发一场大战。几年前，这个问题几乎不会有人理睬。那时，大家都乐于接受这样一种观点，即在改教之前，欧洲人都在痛苦叹息，盼望改变。他们痛恨腐败的罗马教会加给他们的沉重枷锁。现在这个观点站不住脚了。

历史研究，特别是 20 世纪 80 年代以降的历史研究，毫无疑义地表明，在宗教改革之前的时代，宗教比以往任何时候都更为流行。当然，有人发牢骚也是免不了的，但绝大多数人显然怀着极大的热情委身宗教。与从前相比，更多人花钱为去世的人做弥撒，更多的教堂被建起来，更多的圣徒雕像被树立起来，更多人去朝圣。属灵书籍在有能力阅读的人中间也格外流行，在这类书籍中，有关敬虔和灵修的内容彼此掺杂在一起，就像现今一样。

人们有宗教热情，这就意味着他们渴望改革。在整个 14 世纪，各个修会都在对自身进行改革，甚至教宗的职任都经历了零星的改革努力。所有人都同意，在天主教会这棵树上，有几根枯枝和几个烂苹果。诗人但丁在《神曲》中，把教宗尼古拉斯三世和卜尼法斯八世放在地狱的第八层，人们读到这里，每每掩卷而笑。当然，有年老的教宗和神父生活腐败，他们在做弥撒之前就喝醉了。但人们对此还能发笑，这一事实表明教会显得何等稳固、安全，似乎教会对这类言辞和笑声还能够承载得起。他们想要把枯枝砍掉，这说明他们多么爱这棵树。他们如此渴望改革，丝毫也想象不到，或许树干中已经有了致命的朽烂。毕竟，想要有更好的教宗和根本不想要教宗完全是两码事；想要有更好的神父和弥撒与不想要神父职分和弥撒也不一样。但丁不只在他的《神曲》中惩罚了坏的教宗，也给那些反对教宗的人定制了上帝施加的报应，因为教宗无论好坏，都是基督的代理人。在宗教改革的前夜，大多数基督徒的情况就是如此：他们献身宗教，致力于改善宗教，但不是要推翻宗教。当时的社会所希望看到的只是把人所共知的错谬清除掉，而不是激进变革。

这样看来，当时的基督教是朝气蓬勃的，还是腐败透顶的？这是错误的对立说法。在宗教改革的前夜，基督教无疑受人欢迎，并且充满活力。但这绝不意味着它是健康的，或合乎圣经。实际上，如果所有人所渴望的正是宗教改革即将带来的那种变革的话，那就等于是说，宗教改革只不过是一场顺其自然的社会运动，是一场道德上的清理而已。改教家们一直以来否认这一点。那不是一场道德层面的改革，而是直指基督教核心的挑战。他们声称上帝之道闯入了这个世界，并要改变这个世界。这场改革出乎时人预料，也与他们的想法格格不入。那不是人手所能做的工作，而是神圣的突发事件。

大变局之前的预兆

宗教改革或许不是当时人们所期望的，大多数人只满足于小范围的改革。然而在中世纪的晴朗天空中，黑云开始出现。一开始只是巴掌那么大，没人在意，但那却是预兆，预示着天穹即将塌陷，砸向中世纪的罗马天主教。

第一朵云出现在罗马上空。1305 年，波尔多大主教被选立为教宗，然而他却由于各种原因不愿迁居罗马。当时人们期望教宗住在罗马，而这位大主教却选择把教宗总部设在法国南部的阿维农。法国国王得知后非常高兴：身为法国人的教宗住在法国境内，真是太方便办事了。那么，如果选出的下一位教宗也是法国人，而且他也选择住在阿维农，该不会有人感到意外吧！事实上，下几任教宗果真如此。法国以外的人可没那么兴奋。相反，他们把这种情况称作"教会被掳巴比伦"。教宗应该是罗马主教，而罗马教会是众教会的母亲。然而，这些住在阿维农的人真的是罗马的主教吗？就这样，基督教界开始对教宗职分失去信任。

七十年以后，罗马人再也忍无可忍了。教廷毕竟曾是罗马的尊严

（也是收入）的最大来源。于是，当 1378 年枢机主教团正在罗马开会准备选举下一任教宗时，民众把他们包围起来，要求他们选出一位合适的意大利人来作教宗，而且最好是罗马人。受惊吓的枢机主教们让步了。然而，选出的新任教宗刚愎自用，争强好胜，枢机主教们见此后悔莫及。许多人说这场选举结果无效，因为它是在受人胁迫之下达成的。于是他们又选出了另一位教宗，仍然是法国人。可先前选出的那一位教宗身体状况良好，他拒绝逊位。这样就出现了两位教宗，彼此自然要把对方逐出教会。结果出现了两个神圣父亲，这就需要有两个母教会。

整个欧洲在拥护哪一位教宗的问题上出现了分裂。法国当然支持那位法国人教宗，英格兰则本能地拥护另一位。这种情况不可能持久，于是相关人员召集了一次公会议，期望结束混乱局面。这次会议所达成的解决方案是罢免现任的两位教宗，同时再选出一位新教宗。然而，让两位教宗逊位谈何容易。这样一来，就出现了三位教宗。这就是人们所说的"大分裂"。大分裂的局面后来被更有实力的康斯坦茨公会议解决了。康斯坦茨公会议从 1414 年一直开到 1418 年。这次会议成功地让三位教宗中的两位同意辞职，而住在阿维农的第三位教宗拒绝辞职。于是会议宣布罢免他，另选出一位新教宗来代替前面那三位。除了一小部分人仍然支持阿维农的那位教宗以外，绝大多数人都接受了这位新教宗。分裂局面结束了，但它却造成了一场权柄危机：教会的最高权柄在哪里？在阿维农还是在罗马？既然公会议确定了哪位教宗才是唯一合法的教宗，那么是否公会议拥有高于教宗的权柄呢？分裂局面结束之后，权柄危机还持续了很长时间，因为康斯坦茨公会议宣告公会议的权柄高过教宗，而此后的几任教宗却拼命反对这个说法。这么多人你争我夺，普通基督徒又如何能知道上帝的旨意？

同时，有好几任教宗住到别处，罗马城因而日渐衰败了。这是羞辱，但还不只是羞辱。罗马若是基督教界各处所仰望的荣耀的母亲，她就不会成为破败之城。若要恢复她昔日的地位，就需要让她比历史上任何时候都更荣耀，要让整个欧洲都为之赞叹。在此后的一个世纪，文艺复兴时期的历任教宗把一大批璀璨明星都拉进了他们的轨道：弗拉·安杰利科（Fra Angelico）、戈佐利（Gozzoli）和品杜里秋（Pinturrichio）都曾接受过教宗聘任；拉斐尔（Raphael）被委任来梵蒂冈修饰教宗的私人宅邸；米开朗基罗（Michelangelo）来修饰西斯廷教堂；布拉曼特（Bramante）来重建圣彼得大教堂。这一切辉煌盖世，但花费之高令人咋舌。教宗到处筹款，百姓开始抱怨，说教宗似乎对他们的钱袋子比对他们的灵魂更感兴趣，又说那些艺术类玩意儿看上去更像是异教的东西，而不像是基督教艺术。重修圣彼得大教堂所带来的恶果，远超过教宗最可怕的噩梦，因为它将激发马丁·路德的怒火。

此外，罗马城开始弥漫腐烂的气息，加上表面的浮华，俨然就是那个时代的拉斯维加斯。尤其是在博尔贾家族统治下更是如此。1492年，罗德里戈·博尔贾（Rodrigo Borgia）只采取了简单有效的一步，就收买了足够的选票，被选为教宗亚历山大六世。于是，一段让枢机主教们难堪的教宗执政岁月就此开始了。新教宗有多个情妇，为他生了许多孩子。据说，他还和他的一个热衷举办宴会、戴毒戒指的女儿卢

1493 年的罗马城

克蕾齐亚生了一个孩子。人们记得最清楚的是，他习惯于在梵蒂冈举办宴会，并且毒杀枢机主教。他的所作所为没有给神圣父亲这一职分树立一个好榜样：他的继任者好战的尤利乌斯二世在诸多方面也是前任的那种"爸爸"（papa）。尤利乌斯的继任者利奥十世则是一个不可知论者（他七岁时就被按立神父，没有人对此表示质疑）。当然，教宗职分此前也曾有过低谷，但当教会处在权柄危机中时，失去人们的敬重实在糟糕。

宗教改革的晨星

在晴朗的中世纪天空出现的第二朵云开始在英格兰北部的约克郡上空集结。这朵云由约翰·威克里夫的出生而引起。威克里夫出生于 14 世纪 20 年代。他被按立为神父后迁居牛津大学。因其独特的神学观点，他成为大学里最有争议的人物。他与英格兰皇室的联系使他很有影响力。在威克里夫一生的大多数岁月中，几任教宗几乎都是住在阿维农，教宗的宗教权柄一直遭人质疑，威克里夫就是在这样的氛围中长大的。随着 1378 年两位教宗就任，威克里夫开始公开把圣经而不是教宗认定为属灵权柄的最高来源。他主张教宗职分只不过是人的发明而已，圣经才有权确立一切宗教信念和实践的正当性。据此，他抛弃了带有强烈哲学色彩的圣餐变体教义。

短短几年，他的言论就使牛津大学乃至整个英格兰都沸腾起来。威克里夫不得不退到偏僻的莱斯特郡的拉特沃斯教区。他在那里担任神父，度过了他人生中的最后几年。然而，这几年他并没有虚度。他写了一些颇受欢迎的小册子来解释他的观点，又差派传道人，还组织一些人把拉丁文武加大译本译成英文。康斯坦茨公会议定他为异

威克里夫的尸骨被焚烧

端，所幸的是，在被定为异端之前，他就于1384年去世了（但他的尸骨还是被挖出来焚烧，骨灰四散）。他留下了丰厚的遗产。他的追随者有了英文本圣经，致力于开展秘密读经小组的各种活动，这种做法在当时被定为非法。这些人很可能因此被称作"罗拉德派"（Lollards），意即"喃喃低语的人"，指的是他们习惯于私下里出声读圣经。当一个世纪之后宗教改革传到英格兰时，这些人最先接受改革。

赎罪券

在中世纪的罗马天主教，罪人向神父告解时，神父会要求他行各种补赎。任何没有在今生行补赎的罪都将留到去了炼狱再处理。但好消息是，有些圣徒极为圣洁，他们不仅有足够的功德让他们不经过炼狱就直接上天堂，而且还有多余的功德。这多余的功德就被保存在教会的宝库中，而只有教宗才有宝库的钥匙。教宗因而可以把功德作为礼物（一张赎罪券）分赐给任何他认为配得的人，使灵魂很快通过炼狱，甚至像青蛙一样完全跳过炼狱（这要有一张"大赦"赎罪券）。起初，这类赎罪券只赐给参加第一次十字军东征的人。后来，给教会奉献一笔钱就被看作等同于足够的补赎，可以得到一张赎罪券。人们逐渐明白：一点钱就可使他们获得属灵福祉。

罗拉德派是威克里夫留下的遗产，但更重要的遗产或许是来自波希米亚（位于今捷克共和国）的那些他的学生。他们来到牛津大学访学，回到故乡时也带回了威克里夫的教导。在波希米亚，有许多人热

情地接受了威克里夫的思想。布拉格大学的教师约翰·胡斯(Jan Hus)就是其中一位。胡斯不像威克里夫那样睿智，却扮演了威克里夫的斗牛犬这一角色，至少在这点上，他和威克里夫一样重要。当有人在波希米亚企图扑灭威克里夫的教导时，胡斯挺身捍卫，并且越来越直言不讳地批评教会。他甚至公开宣称教宗无权发行赎罪券，质疑炼狱存在。

结果，胡斯被革除教籍，随后被康斯坦茨公会议传讯，要他到场对其信仰观点辩护。然而他不想贸然走进狮子坑，不想被当作异端烧死。他不想冒这样的风险。可是公会议向他提供安全保证。于是他去了。结果安全保证没有兑现。他刚到会场，马上就被逮捕关进监狱。六个月后，公会议对他进行了一次走过场式的审讯，他拒绝撤回自己的观点，于是在1415年胡斯被以异端罪名判处死刑。

约翰·胡斯

他的死激励了身后的追随者，他们在波希米亚发动了一场武装暴动，而胡斯也成了民族英雄。从1420年开始，天主教会发动了一系列战争，来讨伐他们视作异端的胡斯派信徒。令人吃惊的是，胡斯派信徒获胜了，因而能够在信奉天主教的欧洲中心地带建立起一处胡斯派教会。在这里，胡斯派传道人完全不受教宗控制，能够自由传讲上帝的话语。胡斯派信徒在圣餐中领受饼和杯，不再只能望天主教的弥撒。这样，胡斯就在罗马天主教身上留下了不小的一根刺。此外，据说胡斯在临死之前曾说："你可以把这只鹅烤了(在捷克语中，"胡斯"的意思是"鹅")，但一百年后，会有只天鹅飞起来，它的歌声你们禁止不了。"几乎刚好是一百年以后，马丁·路德向世人释放出唯独因信称义的教义。作为胡斯的仰慕者，路德真心相信他就是胡斯所说的那只

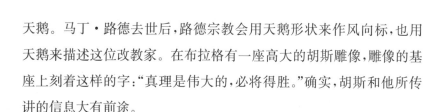
天鹅。马丁·路德去世后，路德宗教会用天鹅形状来作风向标，也用天鹅来描述这位改教家。在布拉格有一座高大的胡斯雕像，雕像的基座上刻着这样的字："真理是伟大的，必将得胜。"确实，胡斯和他所传讲的信息大有前途。

书，危险的书

另一朵云在阿维农上空成形。它的出现或许没有什么令人惊奇之处，可它看上去却是最无辜的一朵云。它与住在那里的教宗没有太

彼特拉克

大关系。这是因为在阿维农住着一位名叫彼特拉克（Petrarch）的年轻人。他在那里不仅成长为一位诗人，还成为他那个时代最伟大的古典文学学者。到 14 世纪 30 年代，彼特拉克开始相信历史包含两个阶段：一个是辉煌的古典文明和古典文化时代，另一个是他所称作的无知野蛮的"黑暗时代"。在他看来，"黑暗时代"起始于罗马帝国衰亡的 5 世纪，一直持续到他自己所在的那个时代。然而，彼特拉克也梦想着未来的第三个时代（想必这个时代将会由购买彼特拉克著作的人所开创），届时古典文明将得以再生。

彼特拉克有一班追随者，他们开始被称作"人文主义者"。他们期待古典文化的再生（或"复兴"），并因此兴奋不已。他们相信他们可以

在一代人的时间里终结这个"黑暗时代"或"中世纪"。他们以优美的古典文学和文化为武器，来围攻他们那个时代的无知。而"回到源头！"（*Ad fontes*！）就是他们的战斗口号。这种状况对于教宗统治的罗马来说相当不幸，因为罗马教会正是在中世纪的黑暗中成长起来的，而新学的光芒绝不会对她客气。

罗马教宗的权力主要由"君士坦丁赠礼"（Donation of Constantine）来支撑。这份文件据说是4世纪时罗马皇帝君士坦丁写给教宗的，上面记载，当君士坦丁把首都由罗马迁到君士坦丁堡（今伊斯坦布尔）时，他把罗马帝国西半部的统治权给了教宗。中世纪的教宗声称他们对欧洲有政治上的统治权，就是建立在这一基础上；教宗高于君王。然而，一位名叫罗伦佐·瓦拉（Lorenza Valla）的人文主义者对这份文件进行考证时，凭借其深厚的拉丁文功底，看出它实际上是用8世纪——而非4世纪——时的拉丁文写成，且是8世纪的文风。这份文件是伪造的。1440年，瓦拉把他所发现的秘密公之于众。这就等于拆毁了教宗的一项关键声明赖以成立的基础。不仅如此，这还让人们对教宗的一切声明开始产生怀疑——还有什么其他传统信条可能是伪造的呢？

瓦拉最伟大的遗产还是他所著的《新约注释》（*Annotations on the New Testament*）。这本书是把他生前未曾出版的笔记搜集起来编纂而成。从这些笔记可以看出他受过很好的希腊文训练，他借此指出天主教会的官方武加大译本存在错误。但由于在他活着的时候，这些笔记并未出版，因而他从未看到他的思想产生的影响。瓦拉死后，新一代人文主义者出现了，其中最伟大的一位就是鹿特丹的伊拉斯谟。他发现了瓦拉留下的笔记手稿，将其编辑出版，并进而使用它们写了一本书，这本书后来成为反击中世纪罗马天主教最有力的武器。

1516年，伊拉斯谟回到信仰源头圣经，出版了新约圣经的希腊文版本，他在希腊文旁边也列出了拉丁文译文，但他列出的不是天主教的官方译本，而是他自己翻译的经文。伊拉斯谟这样做的目的在于促使教会做出某些道德上的改进。但他万万没有想到，这本希腊文新约圣经会给罗马带来伤害。事实上，他甚至把这本新约圣经题献给当时的教宗，教宗还满怀谢意地回信表达感谢，并大加推荐。但教宗的回复未免过早。因为每逢伊拉斯谟的新约与官方的武加大译本不同，就

德西德里乌·伊拉斯谟，小汉斯·霍尔拜因（Hans Holbein the younger）作

会牵涉到神学上的差异。例如《马太福音》4：17 中耶稣的话，武加大译本译作"……行补赎"，而伊拉斯谟则译作"……要悔过"，后来的版本译作"改变心意"。伊拉斯谟若是正确的，那么耶稣实际上就没有像罗马天主教那样教人去行外在的补赎，而是说罪人需要内在的改变心意，远离罪。罗马天主教若对这节经文解读有误，那还有其他什么是她解读错的呢？那她还有什么属灵权柄呢？伊拉斯谟的希腊文新约圣经就是一颗滴答作响的定时炸弹。

人文主义者的学术活动挑战了当时的社会现状，与此同时，他们追随彼特拉克，倾向于批判当时的神学家。在这些人文主义者看来，神学家似乎只对那些最晦涩和无关痛痒的问题感兴趣。比如："有多少天使可以在针尖上跳舞？"或者"上帝能否变成黄瓜，而不是变成人？"邓·司各脱（Duns Scotus）被认为是这种思维方式"微妙"的神学家的代表，在当时的人文主义者看来，他简直就是蠢人的典型。凡是追随他的人也都被嘲笑为"邓人"（Duns-man）或"蠢材"（Dunce）。

神学家们于是成了人文主义者笔下讽刺文学的主角。1513 年，尤利乌斯二世去世，次年，坊间就开始流传一份小册子《尤利乌斯被拦在

天堂门外》（*Julius Excluded from Heaven*）。伊拉斯谟从未承认这本小册子出自他的手笔（要是承认的话，那就太愚蠢了），可是我们手头就有一本这种小册子的复印本，其笔迹是伊拉斯谟的，印证了大家的猜测。根据这本小册子的描述，尤利乌斯来到天堂大门外，像平时一样穿戴整齐，顶盔贯甲，蓄着他那标志性的大胡子，这是他当初发誓要向许多仇敌复仇的证据。他知道他可

古腾堡印刷机

能会遇到拦阻，他（像往常一样）带着一位身材魁梧的侍卫，若有必要的话，侍卫可以狠砸大门。然后，守门人彼得让尤利乌斯看上去显得愚蠢自负，随后，故事的结论就是书名预先表明的。到最后，教会和神学家成为人文主义者的笑料，其实这还算不得什么。这个笑话所清楚表明的东西才更重要，那就是，对人文主义者来说，探求真理的不同路径已经开始挑战教会的权柄：学者会不会比教宗更了解真理？罗马和她那班神学家是不是错了？

　　如果这些人文主义者的学识只留在象牙塔里，那他们搅动起的争议倒也无关紧要。但技术的发展却似乎与他们一拍即合。1450 年前后，古腾堡发明了第一台印刷机。到了 15 世纪 80 年代，印刷所在欧洲各处如雨后春笋般发展起来。这时候，书籍可以很快被成批印制出来，这是前所未有的。这样，知识的传播更快了。印刷出来的第一本书就是古腾堡拉丁文圣经，这一点意义非凡：真道广传的时代已然来临。

第 2 章

上帝的火山：马丁·路德

    德国中部有一座名叫艾斯莱本的矿区小镇，汉斯·路德和他的妻子玛格丽特就住在这里。1483 年 11 月 10 日午夜前，他们喜得贵子。次日，他们遵照教规把孩子带去教堂领洗，孩子取名叫马丁，因为那一天是圣马丁节。路德一家原本是农户，当地的铜矿业主待汉斯不错。汉斯自己为了改善家境也颇为努力。孩子马丁渐渐长大，周围的人们发现他比别的孩子聪明，于是汉斯想要好好培养马丁。他看好法律这一行，就到爱尔福特大学(University of Erfurt)给马丁报名，让他到那里就读。马丁没有辜负父亲的厚望，勤奋好学，他开始以更加优雅、圆润的名字"路德"*而闻名。

    唯有一点让汉斯稍感担忧：他的这个儿子对宗教太认真了。马丁所崇尚的英雄人物竟然是安哈尔特亲王威廉。这位贵族后来成为方济各会修士，极为敬虔，乃至在苦修中鞭打己身，活活饿死。汉斯可不想看到他这个前途光明的儿子走这条路。后来最糟糕的事发生了。马丁在二十一岁那年 7 月回家探亲，返校途中突遭一场暴风雨。一道

---

* 其实，马丁的父亲姓氏拼作"Luder"，而在爱尔福特大学，路德的姓氏变成了发音更为圆润的"Luther"。——译者注

闪电打在附近,把他震倒在地。此时,他没有机会向神父做最后一次告解,也没有任何临终圣事,一想到自己行将死去,死后会发生的事让他恐惧至极。就在他仆倒在地的时候,他不由自主地喊出一句誓言:"圣安妮啊,救我！我愿意做一名修士！"这虽是不由自主发出的,但誓言总归是誓言。似乎是天上的闪电逼他成为修士。马丁的父亲气坏了:花了这么多钱供他上学,全白费了;这哪里是从天上来的闪电,这简直就是魔鬼的作为。

尽管如此,马丁还是去修道院剃了头,只在头四周留下短短的一

最瘦削时的马丁弟兄。人们常常评论他那双眼睛:"他目光犀利,闪动着近乎神秘的光芒。"一位见过他的人曾这样说

圈头发。他脱去俗家衣服,穿上了神圣的修士服。穿上这身新装束有着高度的象征意义,因为据说一个人成为修士就可恢复刚出生时的无罪状态,仿佛新生婴儿刚刚领洗时罪被洗去一样。这正是路德所要的:"我们这些年轻修士……一谈起我们神圣的修士身份,就高兴得直咂嘴。"

进入修道院就意味着接受一整套戒律束缚。这些戒律包括如何鞠躬,何时鞠躬,如何行走,如何说话,目光该看哪里,何时该看,如何端餐具。每过几个小时,修士要走出他们的斗室,去教堂参加祈祷。祈祷的时间安排在半夜、早晨六点和九点、中午十二点等等。其他时间,他们就要全心全意地攀登通往天堂的陡峭阶梯。穿刚毛衬衣和在冬天受冻,被认为尤其讨上帝喜悦。路德每次禁食往往一连三天滴水不进(他只是在宗教改革有了突破以后体重才开始增加)。

　　路德相信这一切。然而他越这样做，就越烦恼。比如，在教堂里所做的那些祈祷一定要由心发出，每一位修士都知道，上帝会因他言不由衷地所说的每一句"我们在天上的父"而审判他。然而路德能保证每个祈祷都是从心中发出的吗？他若祈祷得不够怎么办？总有些时候，修士会因生病或因履行其他责任而不能去教堂祈祷。有些人认为只要花钱雇别人替他们把错过的祈祷补上就好。但路德不会这样做，他会利用周末时间去补上错过的祈祷。

　　此外，还有别的问题要处理：目光游移、不适宜的笑、唱圣诗时没唱好等等。有数不完的罪亟待宽恕。而路德不会在影响他得救的问题上走捷径。他感到必须要去告解，而这样做时他常常让听他告解的人疲惫不堪。他历数自己最近犯的罪，一次就要用去六个小时（在这个过程中，他又错过了去教堂祈祷的时间，这样一来，他"必做"的清单上又多出几条）。在这一切事上，路德绝对算不上是例外。修士搜肠刮肚，把一切罪都挖出来进行告解，属于分内之事。

　　修士告解结束时，神父会宽恕他。只是赦免有赖于内心真正痛悔（当然也要做某些苦行）。就路德而言，他是认真对待告解的，当他分析自己做告解的动机时，告解就意味着越来越深刻的内省：他是真的悔改了呢，还是只不过想避免因自己所做的事而遭受上帝的惩罚？在他看来，死到临头才悔改是不可接受的。

　　1507 年，他作为神父第一次主领弥撒。此时，他对这些问题的看法都汇聚到一起。他站在祭坛前，突然被恐惧抓住。此时，他就要第一次直接向全地的审判者说话了。他此前从来不敢这样做，而只能常常向圣徒或马利亚祷告。他还是罪人，怎能向审判者致辞呢？

　　在这一切事上，路德急切地探寻如何解决得救的问题，而按照他所知道的一切，这个问题无从解决。修士不被允许自己研读圣经，然而路德在修道院图书馆找到一处僻静地方，每有闲暇，他就去到那里翻查圣经，寻找答案。因此他积累了特别丰富的圣经知识。

随后，在 1510 年，他被差派到罗马，去办一件有关修道院的事。这是他一生难逢的机会。此时，他越来越清楚，自己在属灵上已经快破产了。因而对于像他这样的修士来说，被派去罗马简直像中了彩一样。在罗马，这位朝圣者比在别处更加贴近使徒和圣徒，使徒和圣徒的遗物随处可见（每一件遗物都能给人各种属灵益处）。这简直是座灵魂的金矿。第一次看到这座圣城，路德都无比崇敬，乃至全身仆倒在地。进城以后，他从一处圣迹冲向另一处圣迹，据说每至一处，他的功德都被记下。在那些令人快乐的日子，让他感到遗憾的是他的父母还健在。假如父母已去世，他就可凭自己积下的功德救父母脱离炼狱之苦了。还有，他没有到圣约翰·拉特兰教堂做弥撒（据说，在这里做弥撒可以马上拯救某人的母亲脱离炼狱）。

路德在罗马度过了快乐的时光，然而正是在这基督教世界跳动的心脏，怀疑的种子被播撒进他的心里。罗马此时俨然成为狂热的宗教市场。有那么多人想要花钱请神父为自己以及去世的家人做弥撒，乃至每一场弥撒要以双倍的速度完成。这样的弥撒做得太快了，人们根本听不懂。在一间教堂里，曾有两位神父同时在一个祭坛前做弥撒。这一切肯定会触发这位严肃的修士去思考。后来，路德决定去攀爬圣阶。据说耶稣就是在爬过这段台阶之后来到彼拉多面前受审。后来这段台阶被搬到罗马。他若攀爬这段台阶，并且每爬一级，都亲吻一下台阶，同时重复一遍主祷文，就可把他所选定的人救出炼狱。他当然不想错过这个机会。可当他爬到顶端时，他禁不住问道："谁知道这是不是真的？"他后来在返途中顺路探访了奥格斯堡的一位修女。按路德的说法，这位年长的修女是唯一一位从他攀登圣阶受益的人。可当路德见到她时，他发现这位修女对信仰根本不感兴趣。这一事实让他感到有什么东西不对劲。然而在这一切事上，人们看不到任何变革的迹象。问题很简单：教会只是需要清理。

路德回来以后，被转到维滕堡的奥古斯丁修道院。维滕堡当时是一座小市镇，镇上的房子不大，而且大多用粘土建成。修道院院长认为他很有天赋，一定会成为优秀的神学教师（这样一来，他就有机会研读圣经，这也意味着他有机会解决他的属灵焦虑了）。让路德自由研读圣经，这个决定要不了多久就会让罗马追悔莫及。但眼下路德已经在全新的维滕堡大学讲授圣经了。

1540 年的维滕堡

维滕堡虽是座小城，却是当时在政治上有选帝权的萨克森公国的首府。萨克森选帝侯智者腓特烈搜集了许多令人目眩的圣物，他被允许保管这些圣物，维滕堡也因此名声大噪。这真是朝圣者的胜地：城堡教堂有九条过道，每条过道都令人欣羡地展示着许多圣物，共有一万九千多件。在这里你可以看到婴儿基督睡过的马槽里的一根稻草、基督的一缕胡须、十字架上的一枚钉子、最后晚餐剩下的一块饼、摩西曾见到的燃烧的荆棘的一小段树枝、马利亚的几缕头发，以及她穿过的衣服的几片布料，还有著名圣徒留下的难以计数的牙齿和遗骨。崇敬每一件圣物都可使朝圣客免除一百天的炼狱之苦（每踏上一条过道就可多得免除一百天受苦的奖赏）。也就是说，虔诚的朝圣客可以总共为自己免除一百九十万天的炼狱之苦。

神圣罗马帝国

若不了解神圣罗马帝国的奇特之处，就无法了解路德的生平。罗马帝国覆灭四百年后，有人想要从昔日罗马帝国的余烬中恢复罗马帝国，于是，神圣罗马帝国就这样形成了（只不过此时的罗马帝国已归信基督教，因而冠以"神圣"二字）。神圣罗马帝国比原来的罗马帝国版图稍小，基本涵盖了今天的德国、奥地利、瑞士、荷兰、捷克共和国和意大利北部的部分地区。实际上，所谓的神圣罗马帝国根本就算不上是帝国。到路德生活的时代，神圣罗马帝国的皇帝们所监管的只不过是一些城邦的大杂烩。而这些城邦实际上由当地的王侯或公爵统治。他们只需要向皇帝表达效忠即可（他们会定期在帝国议会上觐见皇帝，商讨国事）。在这些诸侯中，有七位最为重要，他们就是人们所知道的"选帝侯"（Electors），因为他们有权选立新皇帝。这些选帝侯位高权重，故而特立独行。路德的家乡萨克森公国的历任选帝侯也是这样。路德之所以能历经磨难而不死，他们起到了至关重要的作用。

"钱币咣啷落钱箱，炼狱苦魂入天堂"

说这话的是巡回宣讲售卖赎罪券的约翰·台彻尔（Johann Tetzel），是他激起了路德的愤慨。他说过的更广为人知的一句顺口溜是："鼓形盒子上放点钱，珍珠天门里老妈笑开颜。"这位台彻尔和他的四人布道小组四处巡游，讲起道来直接干脆："莫非你们没有听到吗？"他问听众，"你们已去世的亲戚朋友在炼狱里向你哀号：'可怜可怜我们吧！我们受惩罚甚重，苦不堪言。你们只要稍微施舍些，就可以救我们脱离炼狱之苦。'"为此，这些死去的亲人成了讨价还价的筹码。台彻尔甚至不会叫百姓认罪悔改。只要出钱就行了。他甚至说，赎罪券可以救你脱离炼狱之苦，哪怕你犯下了强暴圣母马利亚的罪。台彻尔当然极为成功。百姓脱离了炼狱之苦，同时教宗也有了钱可以重修圣彼得大教堂，让它成为梵蒂冈皇冠上的明珠。

约翰·台彻尔

然而，在这一切背后，民间有不满的声音在流传：来自德国的钱被用在意大利修建筑。但没有人像路德那样对此深恶痛绝。在这位敬虔的修士看来，教廷这样滥发赎罪券就意味着谁都不需要真正认罪悔改。这就是丑行。据说在 1517 年万圣节（11 月 1 日）那天，圣徒的功德要在维滕堡发放。于是在万圣节前夜，路德将讨论赎罪券事宜的《九十五条论纲》钉在教堂大门上。第二天，凡来到教堂的人都看到了。

路德愤慨地用锤子把他的论纲钉到教堂大门上，表达他对罗马的严正抗议。一般以为这就是宗教改革运动的起点。然而，这些论纲是用当时的学术语言拉丁文写成的，而且那时，在教堂门上贴告示也没有什么不寻常之处。这样说来，这些论纲并不是什么引人注目的代表公众的抗议，只不过意在呼吁学术界进行辩论而已。如果路德打算用这《九十五条论纲》来作宗教改革宣言的话，那么这个宣言写得也太差劲了：它并未提及因信称义，也没有提及圣经的权柄。其实，这份论纲并未提及宗教改革的任何核心思想。这是因为那时路德还没有进行宗教改革的眼光。正因如此，这些论纲并没有质疑圣物和赎罪券的合法性（很久以后，路德才戏谑地说，还有比维滕堡所陈列的圣物更多的圣物，包括"燃烧的荆棘里的三个火焰""天使长加百列的半个翅

赎罪券市场

膀"，还有"圣灵的两支羽毛和一枚蛋"），只不过是说它们被滥用了。这份论纲出自仍持有中世纪罗马天主教思想体系的修士笔下，它所攻击的不是赎罪券本身，而是对赎罪券的滥用。它承认炼狱是存在的，并且试图保护教宗和赎罪券，免得赎罪券被滥用损害他们的声誉。路德写下这《九十五条论纲》，是在做一名好天主教徒。

《九十五条论纲》的确带来一场骚动。若不是因为路德对基督教渐渐有了全然不同的理解，这场骚动或许会平息下来。路德启动了一场连锁反应，这完全不是他的本意。他曾说："在我浑然不知的情况下，上帝带领我做了这件事，这并非我的本意。"

从罗马之子到异端分子

不出所料，首先做出反应的是赎罪券贩子约翰·台彻尔。他马上叫嚣要把路德当作异端分子烧死，同时发出一份公告，对路德的论纲做出回应。在这份公告中，他主张赎罪券要比纯粹出于爱的行为更好，因为自爱要比爱邻舍更好。没过多久，这场针对路德的喧闹就扩散开来。第二年，也就是1518年，教宗决定把他所能颁发的最高荣誉金玫瑰颁发给选帝侯智者腓特烈（其用意很明显，腓特烈出于感恩自然会把路德交出来受审）。

　　然而，没过多久，有一个比台彻尔更难对付的对手出现了。他就是约翰·艾克（Johann Eck）。1519年，艾克在莱比锡与路德辩论，为了确保让路德被定罪，他在辩论中提出真正的问题是权柄问题。这样，他就狡诈地把辩论的议题扩大化了。到底哪一个有最终决定权？是圣经还是教宗？这当然是艾克精心策划的陷阱，意在使路德掉进去。这位由教宗任命来与路德辩论的神学家已经说得很清楚了：就连圣经也从教宗那里获得力量与权柄。难道路德敢与教宗对着干？

　　果不其然，路德说，即或没有教宗，他也可以读懂圣经，解读出的意思甚至可能与教宗的解读相反。这样，他就径直走进艾克设下的埋伏了。艾克听见这话，立即抓住不放，称路德为那"该死的、邪恶的"异端分子威克里夫和胡斯的门徒。路德很吃惊，矢口否认这一切的指控，他不想和异端有什么关联。然而，在辩论休息的时候，他再一次翻看了胡斯的教导，开始看出艾克说得没错：他更倾向于站在胡斯一边，而不是站在罗马一边。等他再次回到辩论桌前，他承认他的确认同胡斯所教导的大部分内容。这正中艾克下怀。他立刻奔赴罗马，以便确保教宗采取行动。

"教宗的出生与本源"，小卢卡斯·克拉纳赫（Lucas Cranach the Younger）作。路德宗系列宣传画《教宗真相》之一

更为重要的是，艾克的做法加深了路德对教宗不断增加的怀疑。在接下来的几个月里，路德越来越清楚，罗马若继续让教宗的权柄凌驾于圣经之上，上帝的道就不可能为她带来变革，教宗的话就会胜过上帝的话。这样一来，敌基督就会在那里永远掌权。那就不再是上帝的教会，而是撒但的会堂了。

通过敞开的大门进入乐园

在此期间，路德本人对基督教的理解也在转变。人们常常以为路德一下子就有了宗教改革的眼光。前人的记述也是说他在 1513 年就起意改革了（这样说来，他 1517 年写《九十五条论纲》即是宣告宗教改革已经开始）。然而，路德自己却很清楚，他是在写出《九十五条论纲》两年后才想要突破天主教的陈规。至此，这段漫长而痛苦的旅程才算结束。

路德之所以贴出《九十五条论纲》，是因为他相信教廷售卖赎罪券的做法使认罪悔改变得没有价值，而那时，在路德的思想里，认罪悔改有着至关重要的地位。从根本上来说，人是有罪的，路德对此有深切的认识，宗教改革就是由此而引发。中世纪的教会教导人们说："人若尽力，上帝不会不赐下恩典。"而路德看到的是，这种教导天真至极。这种教导意味着，人类在道德上是中性的，甚至是良善的，人若"尽力"，就可蒙上帝悦纳。而路德看到的是，问题就出在我们心里：自爱就是我们诸般欲望的原形。因而，我们"尽力而为"，也只不过是自爱而已。

那么，自爱的问题怎么解决呢？按照他那时的观点，解决自爱的唯一方法就是自我定罪。上帝出于他的公义憎恨并进而惩罚自爱的罪。我们若希望得救，就必须接受这样的审判。面对上帝的指责，罪人所能做的只能是说"阿们"，而不是假装公义，也不是假装有爱心。若是那样，就是称上帝为说谎者了。你何时承认你配进地狱，何时就预备好进天国了。这就是拯救之道，不是凭信靠上帝的应许拯救你，乃是凭接受他的惩罚、凭谦卑进入救恩。

解决自爱的唯一途径在于自恨和自我谴责。他的这一灰暗思想是建基于他对上帝的认识令他恐惧。在路德看来，上帝是至高的审判者，而绝对不是爱，他的公义全在于他惩罚罪人，他的"福音"只是应许了审判。在这位上帝面前，他只能瑟瑟发抖。

> 每次步入维滕堡教堂，路德都会感到恐怖。教堂的四围是墓园，墓园入口处上方饰有浮雕。杏仁状的光环内，有基督坐在彩虹之上审判世界，他面呈怒容，额头上青筋暴露，甚为可怖。[1]

考虑到路德常常作极为深刻的自省，这虽是他神学发展历程中最为黑暗的一段，却注定不会长久。路德的做法毫无果效。从圣经到奥古斯丁，每样权威都在教导上帝爱我们，这是重要的教导。而路德的说法却没有给慈爱的上帝留有任何余地。一个人如何能爱这样一位没有爱的上帝呢？

有一段时间，路德找不到答案，迷茫无助。随后，在 1519 年，他再一次审视认罪与悔改，惊奇地发现每当罪人认罪以后，神父都会宣告上帝赦免的应许。对路德而言，这是看待万事的全新视角。此时，问题就变成：罪人是否要信任上帝的应许？与此同时，各种问题也都随之改变。他看到，罪得赦免并不在于罪人对自己是否真正痛悔有多大把握；只要接受上帝赦罪的应许，你就得赦免了。这样说来，罪人的指望不在身内，乃在身外，在于上帝的应许。

有一天，他在修道院自己的房间里独自研习，上文所说的这些思绪在他的头脑中萦回不去。此时，他再一次翻到曾令他惊惧的《罗马书》1：17。这是论到上帝公义的一节经文。

> 尽管我是一名无可指摘的修士，但我觉得，在上帝面前我仍是一个罪人，良心极度不安。我无法相信，我可以靠满足上帝的要求来平息上帝的怒气。我并不爱这位惩罚罪人的上帝，而是恨他。我私下里确乎有极大怨气，即便还不至于到亵渎的地步。我对上帝有怨忿，心想："悲惨的罪人因着原罪永远失丧，又被十诫的律法以各种灾难压伤，这还不够吗？上帝为何又借着福音让罪人苦上加苦，以他的公义和烈怒威胁我们！"就这样，我与狂暴不安的良心较力。然而恰在此处，我要抓住保罗不放，我要问个明白，圣保罗到底想要什么？
>
> 我昼夜思想这节经文，最后，因着上帝的怜悯，我开始留意这句话的上下文："因为上帝的义正在这福音上显明出来……如经上所记：'义人必因信得生。'"由此我开始明白上帝的公义乃在于，义人是凭着上帝的恩赐得生，这恩赐就是信心。这节经文的意思乃是说：上帝的公义在福音上显明出来，即恩慈的上帝是凭着他赐下的信心来使我们称义，这公义在我们来说是被动的，如经上所记："义人必因信得生。"从此我觉得我全然重生了，我俨然已通过洞开的大门进入乐园了。

正是在这次修道院的经历中，路德发现了一位完全不同的上帝，而且这位上帝以完全不同的方式与我们发生关系。上帝的公义、荣耀和智慧，这一切都不是他用来对付我们的方法，而是他要和我们分享的。在这里，路德第一次看到了良善而慷慨的上帝把他自己的公义赐给罪人。这是何等大的好消息！这样一来，基督徒的生命就不再是关乎罪人挣扎着要达成出于自己的那种微不足道的公义，而是关乎接受上帝自己的完美神圣的公义。此时此刻，上帝所要的不是我们的良善，而是我们的信靠。一切的挣扎、一切的焦虑都可以放下，取而代之的是以巨大的信任和单纯的信心来接受上帝的恩赐。

正是这个好消息改变了路德的心，他要向人宣讲并给别人带来改变的也是这个信息。没过多久，人们就清楚看到，这个发现不仅给了他喜乐和非凡的信心，也给了他异于常人的精力。他生机勃发，要让世人知道他所发现的一切。

万缕阳光驱散黑夜

次年，即 1520 年，路德进入了写作的快车道。他写得太快了，以至三台印刷机同时开动都赶不上他写作的速度。他不得不慢下来。他当时写作不是用学术语言拉丁文，而是用日耳曼民族所常用的德文，这样，不只是学者明白福音，普通百姓也可以明白。他超常的写作速度、平易近人的文体、爆炸性的信息，与当时出现的新奇印刷机结合起来，使得路德在几周内就成为德国家喻户晓的作家。

他的第一部作品《致德意志基督教贵族书》(*To the Christian Nobility of the German Nation*)，堪称路德向罗马的防御墙吹响的改革号角。路德说，罗马为自己建成的防御墙一共有三层。声称教宗在地上拥有最高权威，这是第一层；声称只有教宗可以解释圣经，这是第

路德的签名

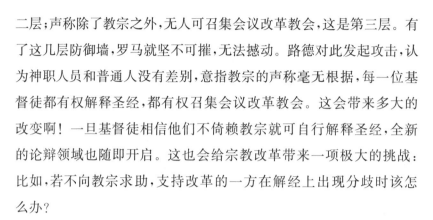

二层；声称除了教宗之外，无人可召集会议改革教会，这是第三层。有了这几层防御墙，罗马就坚不可摧，无法撼动。路德对此发起攻击，认为神职人员和普通人没有差别，意指教宗的声称毫无根据，每一位基督徒都有权解释圣经，都有权召集会议改革教会。这会带来多大的改变啊！一旦基督徒相信他们不倚赖教宗就可自行解释圣经，全新的论辩领域也随即开启。这也会给宗教改革带来一项极大的挑战：比如，若不向教宗求助，支持改革的一方在解经上出现分歧时该怎么办？

一个月后，路德的《教会被掳巴比伦》（*The Babylonian Captivity of the Church*）一书出版。本书紧随前一本攻击罗马的另一项声称，即上帝的恩典只能通过由神父掌控的圣事才能浇灌下来。路德则认为，上帝赐下公义，信徒单凭信靠就可领受。路德若是对的，那罗马的声称就是错误的。实际上，路德论述说，我们若信圣经而不是教宗，就应该只承认两件圣事（即洗礼和圣餐），而不是罗马所说的七件圣事。

那一年路德所写的第三本书是《论基督徒的自由》（*The Freedom of a Christian*），这或许是路德的主要作品中最为重要的一部。他在前两本书中对罗马发起了攻击。而在这本书中，他正面解释了福音，并把书题献给教宗。尽管他攻击了罗马和教宗，但他还是想要教宗本人得救。这本书的核心是讲述一个国王娶妓女为妻的故事。路德用这个寓言讲述君王耶稣与邪恶罪人之间的婚约。当国王与妓女结婚时，那位妓女的位分就变为王后。此时，并不是她的行为为她赢得了与国王牵手的权利。她仍是彻头彻尾的妓女。然而，当国王宣布婚约时，她的位分就改变了。这样一来，她是一位妓女，同时也是一位王后。在内心中，她仍是妓女，在位分上，她已是王后。同样，在路德看来，罪人接受基督在福音里的应许之后，他仍是一位罪人，同时也是一位义人。在内心里，他仍是罪人，在位分上，他已是义人。这里发生了一场"喜乐的交换"。在这场交换中，她把她的一切（她的罪）都交给他，而他把他的一切（公义、福分、生命和荣耀）都给了她。这样一来，她就可以坦然无惧地把她的罪摆在"死亡和阴间的面前，说：'我若犯罪，我所信的基督却没有犯罪，他的一切都是我的，我的一切也都是他的。'"这就是路德所理解的"唯独因信称义"。他论述道，妓女因着有了这样的保证，就开始在内心中越来越有王后的样式了。

当然，罗马不会接受这一切的说法。路德对福音的阐释也令许多人心生厌恶。

路德对信心与罪的全新理解

在《论基督徒的自由》一书中，路德表明，由于他对福音有了全新的理解，他对罪和信心也有了全然不同的定义，而且他要按照全新的定义来生活和工作。他从前理解为罪的行为（比如杀人、奸淫等等），而今他却理解为核心问题的症状而已。而这核心问题就是不信。

> 这世界的罪就在于它不信基督。不是说除此以外，就没有违反律法的罪，而是说这是真正首要的罪。整个世界就算是没有别的罪，单单这一条就足以给它定罪了。

因而罪人可被描述成"弯向自己的人"或"只看自己的人"，因为罪就是不在信靠中仰望基督，而是看自己。而他此前所做的一切敬虔努力恰恰在于——倚靠自己！

与此相反，信心是不再单单赞同参加弥撒，也不再是我们要"做"的事情。就唯独因信称义而言，人们最容易犯的错误是：似乎抛开原来的那些善行和苦修，信心又成为我们为了得救必须"做"的一件事，甚至是处心积虑要去做的一件事。这样做的危险在于，我们又会径直回到路德过去那种令他苦不堪言的自省的老

> 路上去，总是在想我们是否把信心的功夫"做够了"。把路德所发现的描述成"因上帝的话而称义"要比"因信称义"更有帮助，因为在这里，使我们称义的是上帝的话，而不是我们的信心。路德以为，信心不是某种我们内在的资源可供我们调用，若是如此，就其定义而言，它就是罪！在他看来，若有人问，"我是否有足够的信心？"那就证明他完全误解了信心，因为他是在指望和仰赖信心本身，而不是仰赖基督。信心是被动的东西，信心只不过是领受、接受、相信基督而已，是认真对待上帝在福音中所给的应许。

比如科隆就有一位审判官认为，路德所讲的有关国王和妓女的寓言把基督说成是坏人了：

> 好像基督并不留意加以分辨和选择，而是接受最为下流的人作新妇，好像他并不考虑……娶一位纯洁尊贵的人作爱人！好像基督要求于她的只是相信和信靠，并不在意她的公义和其他美德！

若只是反感，倒也没有什么。1520 年，教宗发布盖有印玺的教谕，责令路德在六十天内撤回信仰主张，否则就把他革除教籍（这样一来，任何人都不得收留他或供养他，只能将他交出）。这一教谕让路德确信，没有人愿意用圣经上的话来驳斥他，罗马并不关心上帝的真道，她所在意的是消灭对她至高无上权力构成威胁的声音。她凌驾于上帝的真道之上，抵挡真道，因此只能是撒但手中的工具。路德对此给予了猛烈的回击，写了一本题为《反对可恶的敌基督者》（Against the Execrable Bull of Antichrist）的小册子。随后，六十天期满，维滕堡城内的居民被邀请到城外一处腐尸坑。路德在这里一边把教宗的教谕丢入火中，一边说："因为你抵挡上帝的真理，今天，主也抵挡你。这张纸和你一起被火焚烧吧!"接着他把一些神学书籍和教会法典丢入火中,象征摧毁罗马教会的整个系统。

革除路德教籍的谕令

随后并没有什么大事发生。此时,从法律的严格意义上来说,路德已经被革除教籍,任何人不得收留他。然而,罗马的权威已遭人轻视。神圣罗马帝国无法容忍这种状况。于是,教廷要求路德出席下一届在沃尔姆斯召开的帝国会议。从那时起,路德将直面皇帝和教宗的怒气,可能会被绑在火刑柱上烧死。他若真错了,也会堕入地狱。这位曾在暴风雨中怯弱发抖的修士,因着发现了福音真理而被转变成一位勇士,以至于他可以斩钉截铁地直面这一切说:"这是我的立场"。这是何等大而有力的见证啊!

被劫持

路德被审讯之后没过多久,皇帝就宣告说,路德是"顽固不化的分裂分子和明确无误的异端分子"。任何人不许收留他,也不许读他写的书,否则必受惩罚之苦。然而,路德并没有待在沃尔姆斯静候皇帝宣判。他早已乘上马车向维滕堡进发了。

然而,在返回维滕堡的途中,马车在穿过一处树林茂密的狭窄路口时,他被一伙骑兵团团围住,剑拔弩张。在一片嘈杂声中,这伙骑兵抓住路德,扬长而去。大家都相信这肯定是有人要抓住路德,马上秘

路德在沃尔姆斯受审图，作于 19 世纪

密处决。画家丢勒（Albrecht Dürer）写道："上帝啊，如果路德死了，谁来把神圣的福音清楚地讲给我们听呢?"类似的想法正是当时劫持路德的人所要的。实际上，他们是选帝侯智者腓特烈派来的。腓特烈的用意是借此把路德保护起来，又不至于被人发现他窝藏教廷要犯。他们抓住路德之后，并没有把他带到某个隐藏的坟墓，而是在丛林里左右萦回，甩掉可能尾随的人。直到夜里很晚的时候，他们才来到瓦特堡，这是选帝侯腓特烈在萨克森公国的堡垒。

接下来的十个月，路德隐居于此。他的一些最伟大的著作就是在这里完成的。他穿起骑士服，蓄须留发，之前修士的发式已不复可见。人们已经认不出他是谁了。教廷要犯马丁·路德失踪了，瓦特堡的这一位是"乔治爵士"。路德此时的样子像是杀死大龙的圣乔治。* 或许他本应感到兴奋和胜利的喜悦，然而实际上他在城堡的日子极其艰难。他形单影只，健康欠佳。然而他工作却近乎疯狂，乃至取得的成果比前一年更大。既然无法向任何会众讲道，他就写了一部讲章范本。不到十一个星期，他就把伊拉斯谟编辑的新约圣经译成德文。付

---

* 圣乔治，英国传说中杀死恶龙的骑士。——译者注

印之前，他做了一些润饰工作（他还需要加上几幅插图，比如在《启示录》描写巴比伦城倾倒的章节加一幅罗马城全景图）。令人惊奇的是，路德在那样的环境中竟然完成了一部杰作。这部译本的词句使用市井语言，却简洁有力、色彩丰富，它转变了人们讲德语的方式。路德此举使他当之无愧成为现代德语之父。更为重要的是，当这部新约德文译本 1522 年出版时，百姓从此可以"抓住并品尝到清晰、纯净的上帝之道，并奉为至宝"，路德的梦想终于实现了。但这还不是他工作的全部。

他还写信劝勉在维滕堡从事宗教改革的弟兄姊妹。他给出的教牧建议最初让读者大吃一惊，后来却让他们更为清楚地领会福音。有一位年轻的朋友被引诱把自己的敬虔当作在上帝面前得到确据的基础，于是路德就写信对他说：

> 作个罪人，就大胆地犯罪吧！然而却要更为大胆地相信基督，并在基督里欢喜，因他已胜过罪、死亡和世界。只要我们还住在这里（在这世界上），我们犯罪就是不得已的事。此生不是公义的居所；像彼得所说的那样，我们盼望有公义住在其中的新天新地。* 凭着上帝荣耀的丰富，我们认识了能除去世人罪孽的羔羊，这就够了。没有什么罪能把我们和那羔羊隔开，哪怕我们一天成百上千次地犯奸淫罪和杀人罪。难道你以为如此伟大的羔羊为把我们从罪中赎出来而付上的代价还太小吗？

路德在瓦特堡也一直在遭受试探和属灵攻击。"我所受的试探就是以为自己没有一位恩慈的上帝。"在经历过这一切之后，路德竟然也会遭受这样的试探，未免奇怪。但他把这看成是魔鬼的攻击，

---

* 参见《彼得后书》3：13。——译者注

这就迫使他成为诊断疑惑的专家。当然，专业医生也并不总是那么专业。有时候，他会轻蔑地对着那试探者大声呵斥："要是那还不够的话，魔鬼，我也给你拉屎撒尿，你去抹抹嘴巴，然后吃屎喝尿去吧！"还有些时候，他真的会对着魔鬼拉屎撒尿，或者把墨水瓶朝他砸去，这样又给崇拜路德的人留下一处墨迹（当然被人有规律地做些润饰，以在崇拜者的心中增加神圣感——圣物崇拜就这么轻易地回来了）。

路德的这一面令许多人颇感困扰。他神经错乱了吗？路德显然不是那种彻底的、刻板的基督徒英雄，他有很粗俗的一面。但如果说他与魔鬼的这些争战是思想肮脏的疯子发病了，并因而说那根本就算不得什么，那就大错特错了。他所受的攻击并不符合临床上正常抑郁症患者所有的症状和模式。他的回应说明，路德的确有一些撒但放入他心里的疑惑，需要他予以排除、拒绝、超越乃至嘲弄。这种疑惑太微妙、太迷惑人，不宜正面回应。

还有些时候，他会把相关的圣经经文写到墙上、家具上或手边任何东西上，借此来抵御疑惑。这再一次让他大受启发。他知道在他里面只有罪和疑惑。他的希望全然不在于他自己，而在于上帝的真道。在那里，无论他感觉如何、所做何事，都不能影响他在上帝面前的稳妥。于是，在面临疑惑的时候，他不会从自己内里寻找安慰（那就是不信，就是罪，不但不能解决疑惑，还是一切焦虑的源头！），而是把那不变的上帝的永恒之道摆在面前。

如何改革教会

而此时，维滕堡的那些主持改革的人让人觉得，改革似乎实际上只是关乎攻击神父和圣徒画像、斋期想吃多少就吃多少，或者只要可以挑战传统，就可以做任何标新立异之事。这一切在路德看来大错特错。他们这样做和罗马教廷有什么区别？罗马教廷不也是执迷于外表形式吗？不也是强制人们做出某些行为吗？他所看到的教会问题不在乎可见的图像，首要的问题是如何从人们心中去除偶像。

路德结束了隐居生活，回到维滕堡。但他没有强力推进改革，而是通过简单、清楚的讲道用圣经来劝说众人。他相信上帝的真道要使众人信服，腐朽的旧机构才会随之倒台。这也是他在皇帝面前受审时所持的立场，即驱使并主宰人们思想和行动的必须是圣经。因而，路德从不认为他应该为了推进改革而设计任何宏大的计划。他只是想要解开上帝的真道，让它来做成一切的工作。

即或如此，解开上帝的真道仍是一项艰巨的工作。事实上，每个教会的崇拜仪式都在防碍圣经被开启。因而路德要重新编写教会崇拜仪式。他还引入了会众唱诗的环节（而此前，会众只不过是观看神父举行仪式）。为了确保人们所唱的内容合乎圣经，他也写了一些圣诗（他既喜欢歌词，也喜欢旋律，注重吟唱圣诗时的听觉效果）。最为著名的一首圣诗，或许就是宗教改革的战歌《上主是我坚固保障》。其歌词让千百万人熟悉了路德的观念：

> 幽暗之君虽猛，不足令我心惊，
> 他怒我能忍受，日后胜负必分，
> 主言必使他败奔。

此外，他还重建了教会运作的方式；为其他城镇供应传道人；在从瑞典到特兰西瓦尼亚（Transylvania）的广大区域内，遇到有对改教感兴趣的君主和贵族，他会鼓励他们并给予建议。此外，他也编写要理问答（为了便于记诵而编写的基本信仰释义）。路德极为重视要理问答，认为每个人都该把它记下来。不愿意学习要理问答的人禁止领圣餐，父母不要让这样的孩子在家吃饭，至终，这样的人都该被赶出去。他知道他不能把信仰强加给人，但坚持认为百姓至少要明白真理。从诸多方面来看，这种做法似乎很奏效。他估计几年之内维滕堡十五六岁的孩子们要"比从前所有的大学和博士"知道更多上帝的真道。

凯蒂

没过多久，就有许多修士离开了维滕堡的修道院。也有一些选择留下来，对他们来说，生活不再是围着数不清的修道院仪式打转。如今，他们的闲暇时间是在端着啤酒杯谈论新兴神学中度过的。又过不久，大家都离开了，只剩下路德独自一人。此后，选帝侯腓特烈决定把整个修道院送给路德作为他自己的私人宅邸。

实际上，各处都有许多修士和修女因听到路德的新发现而离开修道院，并抛弃天主教。1523 年，一些修女致信路德，向他寻求建议（这些修女所在地区的地方长官会处死逃跑的修女）。他建议她们逃跑，甚至帮助她们逃跑。他曾在一个复活节的上午，派一位鲱鱼商人来到她们的修道院。有篷的马车里满是装鲱鱼的桶。有九位修女跳进马车，被偷偷运到维滕堡，开始了全新的生活。

这些曾作过修女的姊妹在社会上没有任何保障，因而路德觉得他有责任为她们找丈夫。他为她们中的八位找到了丈夫，但是第九位修女凯瑟琳·冯·博拉（Katharina von Bora）着实让他大费周章。曾有一段时间，路德不准备考虑自己的婚姻大事。他以为要不了多久他就会被当作异端分子烧死。此外，他不得不面对一直以来总有人图谋要除掉他。因此他觉得结婚对于妻子来说太不公平了。然而，这位在教宗和皇帝面前岿然不动的改教先锋，接下来两年却在朋友们和第九位修女的纠缠中"败下阵来"。最后，他在 1525 年和小他十五岁的凯瑟琳结婚了。

显然马丁和凯蒂很享受在一起的时光。他们两人一起在花园散步，一起去钓鱼，或与朋友们一起吃饭。如果路德在外旅行，他们就彼此通信。信中满是玩笑话和甜言蜜语。她性格刚毅，甚至压过这位百折不挠的改教家。路德曾说："在家务事上，我听凯蒂的，在其他事上，我听圣灵的带领。"即便如此，他还要给凯蒂一点小恩小惠，才能让她更多读圣经。

他们把家安在修道院里，庭院里欢声笑语，热闹非凡。过了几年，他们有了三个儿子、两个女儿。他们总不乏访客，可谓门庭若市。亲戚、学生更是家里的常客。此外他们还养了一条狗。他在花园里建了一个保龄球场，读书、祷告累了的时候，他就去打保龄球消遣（他每天至少祷告三个小时。查考圣经时，一遇有上帝的应许，他就直率地把经节摆在上帝面前，请求上帝信守应许）。凯蒂打理着一个很大的私家啤酒厂。酿造的啤酒除了卖出去一些贴补家用之外，剩下的就用来调剂用餐时或晚间的神学讨论。在这样的场合，马丁要是偶尔喝得高兴，凯蒂也会说他几句。学生们到了吃饭时间却不吃饭，而是只顾记笔记，那时凯蒂就会毫不掩饰她的不耐烦。然而，他们家遭遇了两次不幸：两个女儿早夭。其中一个叫玛德琳娜（Magdelene）的女儿就死在马丁的怀里。尽管马丁伤心欲绝，但他还是尽最大努力用福音的盼望来安慰家人。他对着棺材宣告说："她必会在末日复活。"他此时这样说是带着极大的信心，从前他会以为这是自以为是的罪。

什么是宗教改革？

大概是在马丁和凯蒂成婚的那段时间，路德介入了一场或许是关乎宗教改革的最有意义的对话。这场对话是在路德和伊拉斯谟之间展开，而恰恰是伊拉斯谟出版的希腊文新约圣经导致路德的归正。他们两位都曾是奥古斯丁会的修士，如今都站出来改革教会。然而，他们之间的对话表明，两人对改革的方向意见截然不同。在伊拉斯谟看来，问题很简单，他只不过想要用道德给教会好好地洗一个澡。只要擦去腐败、洗去伪善，一切就都好了。他在那几年中看到路德所说的"宗教改革"与他所理解的完全不同，于是越来越感到不安。他盼望教宗转为好教宗，路德却想要完全废除教宗。在他想要清洁罗马天主教系统的地方，路德却想要焚毁并替换掉它。

1524 年，伊拉斯谟写了《论意志的自由》（*On the Freedom of the Will*）一书。他在书中辩称说：路德认为我们永远不可能在上帝面前赚取功德，这是正确的，但他走得太远了。伊拉斯谟说，上帝就像是一位满有慈爱的父亲，他珍视我们笨手笨脚所付出的努力，对它微微含笑，就像它真有价值似的。伊拉斯谟常常喜欢以在思想上超过平庸之辈的智者自居。这就是典型的伊拉斯谟，他想要在罗马和宗教改革之间找到一个微妙的中间立场。当然，他也像路德一样高举上帝的恩典。然而，上帝不也一定会奖励好行为吗？简单说来，他不能明白路德把得救的一切确据单单放在基督身上，完全不在乎他自己做得如何。

他们二人之所以存在这一切差异，是因为他们对基督教有着完全不同的理解。伊拉斯谟总是说圣经中的事情要比乍看上去复杂得多。这样一来，弥撒要么需要他那种伟大的思想才能明白，要么如果他也不能明白的话（他也不明白许多别的事），那就把它算作圣经的晦涩文本中数不清的奥秘之一吧。考虑到圣经有多么不清晰，他认为基督徒不该试图厘清像三一神论、上帝在救恩中的角色以及其他这类微妙的教义问题。上帝没有清楚说明的，就一定不重要，这些事情还可能使基督徒分心，使他们不能关注重要的事情，对他们的生活也没有神益。

他曾说："我们宗教的总和就是和平和全体一致。然而，我们只有尽量少下定义，这些美好的东西才能成立。"

　　在伊拉斯谟看来，基督教本质上就是道德，只有极少的教义告白，松散地附在后面。……路德的态度却大不一样。在他看来，基督教首先关乎教义，这是首要的，因为真正的宗教首要的乃关乎信心；而信心与真理相关。……在路德看来，基督教是有教条的，否则就什么也不是。……在路德看来，伊拉斯谟的那种无教条的基督教概念和出于人文主义对教义之事的漠不关心，本质上就不是基督教。如果这是基督教，那么任何东西都可以是基督教了。[2]

　　伊拉斯谟是当时世界上最受人敬重的学者，《论意志的自由》一书既然出自如此杰出人物的手笔（他对路德的归信起到了重要作用），路德当然要好好拜读了。但他通常只是读两三页针对他自己的争论文字，便把它们当厕纸了。伊拉斯谟学术声望显赫，看起来很有分量；可他们二位是在谈神学，伊拉斯谟不是神学家。在这场较量中，伊拉斯谟就像是蚂蚁斗犀牛一样。

　　为了反击伊拉斯谟那些半生不熟的论点，路德写了《论意志的捆绑》（The Bondage of the Will）。这真是一篇檄文。路德没有像伊拉斯谟那样用冷静、不动感情的笔触谈论如何得救这一核心问题。他知道伊拉斯谟对于得救的核心问题未经深思熟虑，是仓促出口的。我们能否做任何事情来达成救恩？路德坚信我们无论凭自由意志选择做什么，都天然地不会选择讨上帝喜悦，因而我们得救一定是上帝的作为，而不是出于我们自己。这一观点与伊拉斯谟形成了鲜明对比。

　　两人在描述他们的沮丧时使用了不同的词汇，这也显明了两人之间的差异。路德称其为他的"焦虑"（*Anfechtung*）。这个词暗示他的沮丧是来自外部的攻击，是魔鬼的作为。唯一的希望在于基督从外面击败魔鬼，因他已经战胜了魔鬼、死亡和阴间的权势。伊拉斯谟则把他的沮丧称为 *pusillanimitas*，这个词的字面意思是"灵里软弱、心力衰微"。英文 pusillanimity（无气力）这个不太常见的词就是从这个德文词派生而来的。这个词是指人内心的软弱，人可以通过振作精神进行补救。在路德所说的那种情况下，道德努力毫无用处，而伊拉斯谟则诉诸道德努力。[3]

由于伊拉斯谟没有完全倚赖上帝的恩典，路德就此下结论说，伊拉斯谟对恩典一定是陌生的。伊拉斯谟用希腊文新约圣经带领许多人走出为奴之地，但他自己却从未进入应许之地——这一点好像摩西。伊拉斯谟和路德之间的截然不同，表明改良和宗教改革完全是两码事。前者是呼吁人做得更好，而后者是坦承人根本无法做好，一定要倚赖上帝全备的恩典。后者是道德改良主义者绝对拒斥的。

宗教改革运动的传递

1530 年，查理五世决定在奥格斯堡再一次召集帝国会议。此时距上一次他在沃尔姆斯见到路德已有九年。伊斯兰军队已打到维也纳，直接威胁到基督教世界（一直持续到一百五十年后伊斯兰军队战败，维也纳被解围，维也纳人吃新月形面包庆祝胜利）。查理此次想要把基督教力量联合起来，以对抗伊斯兰军队的入侵。这就意味着他需要处理帝国内部的宗教分裂局面。

当然，路德本人不能参加此次会议。他仍是被皇帝的禁令所定罪的异端分子。然而，他的年轻同事菲利普·梅兰希顿（Philipp Melanchthon）起草了一份路德会信仰告白，打算呈给皇帝。路德很高兴，皇帝却不高兴了。帝国内有九位诸侯签署了这份告白。这样一来，路德会就正式成为帝国防御伊斯兰军队的一股重要力量。在上一次帝国会议上，皇帝和这位修士非要一决雌雄，而今时局不再一样了。

在宗教改革运动早期蓬勃发展的同时，路德在不知疲倦地写作。他写了洋洋几大卷解经书、讲道集、小册子和神学论著。更重要的是，他于 1534 年完成了圣经旧约德译本的翻译，并附上各卷序言、页边注释和插图出版。全书序言中说："在这里，你可以找到褴褛和基督躺卧的马槽。"路德常常强调说，全部圣经都是关于基督的，因为人只有通过信靠基督才能得救。正因如此，他反对《雅各书》，认为这卷书对基督谈论得不够。有一个主日，预先安排要讲解的经文刚好出自《雅各书》。路德在读完经文后，对会众说："我不想讲这段圣经"，于是转而去讲别的了。

小卢卡斯·克拉纳赫创作的《以西结书》1 章的木刻画，出自 1541 年版维滕堡圣经

曾经令他害怕的死亡，此刻正慢慢靠近他。所不同的是，如今他渴望见到基督。然而，身体衰弱的过程令他十分痛苦。繁重的工作摧毁了他的健康。1534 年，他第一次心脏病发作，此后又数次发作。他腿上生了脓肿，令他行动不便。他还患有肾结石，常常令他痛不欲生。在工作时，他不得不与剧烈的头痛、头晕和重度耳鸣抗争。

路德和犹太人

让更多人远离路德的主要原因或许是他所写的小册子《论犹太人和他们的谎言》(*On the Jews and Their Lies*)。纳粹曾在20世纪把这本小册子当作传统的德国人美德大肆宣传,并把它放入玻璃箱中在纽伦堡的公开集会上展出。这足以让许多人把路德当作令人讨厌的反犹主义者加以拒斥,他的神学也注定被看成是肮脏的。毫无疑问,这本小册子的确含有令人震惊的言词,人们希望他生前从未写过这种文字。可是,这份小册子不仅是在他的改革有所突破很久之后,也就是在他对犹太人的态度转变之后所写的(这就意味着我们不能完全用犹太人的这把刷子抹黑路德的所有神学),而且那种漫画式的写法也会带来曲解。这其中不涉及种族歧视问题。

1523年,他写了一篇题为《耶稣生来就是犹太人》(*That Jesus Christ was Born a Jew*)的文章,批评基督徒没有善待犹太人。他把这篇文章题献给一位归信耶稣的犹太人朋友,后来还付出很大代价资助他(并且让这位朋友的儿子住在自己家里)。在那些年间,他发现未归信的犹太人心里刚硬,尽管他们自己的经书已经向他们指明基督,可他们却拒绝承认。后来,有些恶毒的犹太教护教学者攻击基督教,促使他采取行动,写出了《论犹太人和他们的谎言》。在这本小册子中,他首先论述道,成为亚伯拉罕的后裔并不是种族遗传的问题,而一直是属灵问题。他进而本着旧约表明耶稣一定是上帝所应许的基督。随后他才提出一整套恶名昭著的建议。他谴责个人性的报复行为,认为当时普遍采用的有关惩治亵渎的法律应该用在犹太人身上,定他们的宗教有罪。依照这一法律,犹太人的会堂和房屋也该被拆毁,因为它们是亵渎的危险温床。对待犹太人要像对待其他亵渎之人一样,一律驱逐出境。

现代读者免不了会把如此令人不快的文字解读成反犹主义，也难于理解这些是路德那个时代对付异端的常规手段。路德是在论证把国家的权力用于维护基督教。这些建议的确令人厌恶，却并非出于欠缺属灵关怀之人的手笔。路德在全文末尾写道："愿我们亲爱的主基督仁慈地让犹太人归信，并且保守我们在他的知识上坚定不移。认识他就是永生。阿们。"

至终说来，路德个性如火，可以把莱茵河点燃。有人喜欢，也有人希望他少一些粗野。当然，他也绝不是教堂彩绘玻璃上的理想形象。挑战当时整个基督教界并让它回转，这是一项近乎不可能的重任，或许路德那样精力充沛、性格率直的人正是那个时代所需要的。他给世界带来了一场休克疗法。不管怎样，他的个性正适合他所揭示出来的福音真意：他没有鼓励基督的门徒做道德上的自我改进，他鲜明的人性，见证了罪人是多么需要上帝的恩典！

1546 年 1 月，路德六十三岁，自知来日无多。他不顾凯蒂的担心和萨克森冬日的严寒，踏上了前往他的出生地艾斯莱本的旅途，去处理一场争端。刚到那里，他就意识到自己剩下的时间不多了，于是开始思想死后复活的事。吃晚饭的时候，大家谈到他们复活后是否还能认出彼此来。路德确信能认出彼此。

饭后，路德觉得胸口绞痛。有人把他扶到床上，他就开始用《诗篇》31：5 祷告（"我将我的灵魂交在你手里"）。随后他又开玩笑地吩咐身边的人为"我们的主上帝和他的福音祷告，愿上帝他一切都安然无恙，因为特兰托公会议和那可憎的教宗特别生他的气"。这个玩笑有一个严肃的要点：他自己死了没关系，因福音是上帝拯救的权能，不会因他仆人的离世或仇敌的狂怒而沉默。最后，有人问他："你准备好在对你的主耶稣基督的信靠中死去吗？你认信你奉他的名所教导的教义吗?"就像是最后一次重复他在沃尔姆斯受审时问他的话一样。他清楚地回答："是的。"稍后,他停止了呼吸。没有神父在场,没有人给他举行临终圣事,也没有人让他最后一次认罪。有的只是他在上帝面前的那种简单的确据。这见证了他的教导如何改变了各样事情。

路德被葬在他所侍奉的讲坛下面,这真是再合宜不过了。好多年前,当路德被劫持的时候,有人担心他已经死了。丢勒曾喊道:"上帝啊,如果路德死了,谁来把神圣的福音清楚地讲给我们听呢?"此时,路德真的与世长辞了,问题是,他们真的相信路德吗? 主上帝和他的福音会安然无恙吗?

注释：

1. Oswald Bayer, "Justification: Basis and Boundary of Theology", in Joseph A. Burgess and Marc Kolden (eds.), *By Faith Alone: Essays in Honor of Gerhard O. Forde* (Eerdmans, 2004), p. 78.

2. J. I. Packer, and O. R. Johnston, "Historical and Theological Introduction" to *Martin Luther on The Bondage of the Will* (James Clarke & Co., 1957), pp. 43 - 44.

3. R. Bainton, *Erasmus of Christendom* (William Collins Sons & Co., 1969), p. 33.

第 3 章

士兵、香肠和革命：茨温利和激进改教家

马丁·路德堪称改革的先知，但他不是唯一一个。路德出生之后不到两个月，"上帝的雇佣兵"胡尔德里希·茨温利出生在瑞士阿尔卑斯山区美丽的威尔德豪斯村。

在茨温利心目中，阿尔卑斯山非常宜人。可在 15 世纪，在这样的山区里谋生并不那么容易。许多瑞士人发现，当一名雇佣兵更容易赚钱。他们显然都是很好的雇佣兵。瑞士长枪手和威廉·特尔那样的弓弩手骁勇善战，训练有素，令全欧洲闻风丧胆。教宗尤利乌斯二世不在罗马做弥撒，却喜欢在属下军队面前身着铠甲，舞枪弄棒。他上任不久，瑞士雇佣兵荣耀的日子即告来临。他想要体格健壮的瑞士人作他的贴身护卫，并让他们成为军队中的主力。

这一切似乎与当时二十二岁的茨温利没有什么关系。那一年，他开始在格拉鲁斯小镇的教堂里担任神父。在教堂里做神父可谓舒适安逸的职业。然而格拉鲁斯实际上是座军营，为教宗的军队提供最大的分遣队。茨温利是一名狂热的爱国者，他决定作为一名随军牧师参军，为神圣的父亲和母亲教会争战。这次经历彻底改变了他。1515年，他们在米兰城外的马里尼亚诺与法国国王法兰西斯一世的大军交

战。那场战役简直是一场屠杀，一万多名瑞士士兵战死沙场。茨温利原以为高贵的瑞士人是为一项神圣的事业光荣参战，至此，他这一浪漫想法被淹没在血泊中。他意识到原来他误解了战争，也误解了教宗。这场冲击迫使他思想还有什么是被他所误解了的。

奇异的新世界

一回到格拉鲁斯的家中，他就意识到他过去花了许多年读解经书，却从未直接阅读圣经。于是，1516 年，他买了一本刚刚印刷好的伊拉斯谟编订的希腊文新约圣经。从此，他迈出了自己想要读懂圣经的革命性一步。今天看来，阅读圣经有什么革命性可言呢？可这恰恰表明，宗教改革给欧洲带来了多么深刻的改变。那时，个人直接阅读圣经，想要弄明白其中的含义，会被视作危险的颠覆分子。若没有教宗的引领，人们就会随意误读圣经。更为糟糕的是，这种行为意味着教宗不是上帝所指定的解释圣经的人。

胡尔德里希·茨温利

这是通向分裂的不归路，是偏离教会母亲怀抱的方向。茨温利所经历的还不只是违反法令带给他的兴奋感。他打开新约，欣喜地读到了欧洲人一千年之久未曾读到的东西，那就是上帝的话语，是圣灵默示使徒所写下的词句，是珍宝。他太兴奋了，把保罗书信都抄写下来，甚至几乎把整本新约都背诵下来。

　　二十年前，哥伦布发现了新世界。茨温利也像他一样在圣经中发现了新世界，这是他做梦都想不到的世界。然而，如果这就是茨温利归信的时刻，那么他的归信与路德不同。他对崇拜圣徒没有疑问，他本人于 1516 年在艾因西德伦的"黑色圣母"（black Virgin）坛前被按立为神父。他对教宗体制也没有疑问，欣然接受教宗发给他的兵役津贴。实际上，两年以后，就在路德被召去罗马受审一个月后，他被教宗任命为随军牧师。他还会有几年时间留在罗马体制内，可在这段时间，他的神学思想却一直在发展。教宗给他的津贴他都用来买书了。他开始学希伯来文，为要读懂旧约。在他看来，上帝正是用希伯来文口述旧约。

　　同时，前来艾因西德伦的一群群朝圣客却把茨温利的名声传扬开来，说他是一名传道人。于是，1518 年，这位操着乡土口音的乡村小子被任命为苏黎世大教堂的传道人。这不是什么受人欢迎的职位。尽管人们不认为他的观点有什么问题，他却遭到反对，因为他承认自己最近去找过妓女。他似乎真诚地悔改了。他接下来所做的事马上就把这件小麻烦淹没了。1519 年 1 月 1 日，星期六（这一天刚好是他三十五岁生日），他登上大教堂尖塔下的讲坛，宣布从此以后他不再按既定的经文讲道，也不想让他的讲章充斥着中世纪神学家的思想。他要逐节把《马太福音》讲完，之后再接着讲完整部新约。这样，上帝的话语就会一直深入到百姓中间，不被稀释，也没有掺杂。这就是茨温利所要的，也是苏黎世改革的方式。

"死亡之舞"，汉斯·霍尔拜因（Hans Holbein）作

还有一件事大大改变了茨温利。1519 年，苏黎世发生一场瘟疫。茨温利几乎在瘟疫中丧生。正如十四年前马丁·路德在那场暴风雨中所经历的那样，这次濒临死亡的经历也迫使茨温利审视永恒，并且彻底地改变了他。只不过路德是向圣安妮祷告，而茨温利则发现，除了上帝的怜悯之外，他别无所依。恢复健康后，茨温利仿佛变了个人，开始领受一项使命，他要勇敢地为上帝做事。这时他清楚地看到，信靠一切被造之物，无论是圣徒还是圣礼，都是彻头彻尾的偶像崇拜。他将带领人们离弃偶像，归向满有怜悯的永活上帝。

温柔的士兵

当然，这也绝不意味着他要焚毁教谕，或写小册子反对罗马。路德这样做了，而茨温利则接受苏黎世大教堂给他的圣职，加入到罗马天主教的等级体系中。茨温利天性极为谨慎，因此他有时显得懦弱。这就意味着发生在苏黎世的宗教改革不会像其他地方那样火爆激烈，引人注目。再加上罗马倚赖瑞士雇佣兵，故此历任教宗虽然频频看到来自苏黎世的报告，越来越感到不安，但也觉得不能把茨温利革除教籍，以免惹恼苏黎世。直到 1523 年，教宗还没有意识到苏黎世再不会有人来为罗马争战，他觉得该写一封信给茨温利，表达友好，奉承几句。

结果，苏黎世有些激进分子就把茨温利看成是改革的瓶颈，说他拦阻了圣灵在宗教改革中的工作。他们想要挪去拦阻，加快改革步伐。然而，苏黎世没有发生巨变，不应简单地归咎于欠缺改革。茨温利知道，哪怕是取出铁锤来打碎偶像，不管看上去多么振奋人心，也不会带来真正的改变。他相信变革的秘诀就在于用福音来改变每个人的心。若不想让改革沦为装点门面的修整，那就要先有内心的归信，然后才有教会外部的改革。因此，茨温利没有发起运动来促成改革，而是专注于传讲上帝的话语。他想先预备好百姓，然后等待百姓按照上帝的要求进行变革。他没有很快看到成果，但一旦有了成果，它们却出奇地存续到他去世之后。当苏黎世发生变革时，这些变革都来自民众内心深处的信念，这也是上帝之道对他们的要求，因而这些变革能存留得住。

《上帝之道的清晰性与确定性》

1522 年，茨温利写了这部著作，来论述上帝之道的权能与效果。这是他最伟大的作品之一。在这部作品中，他从《创世记》1：26 入手，开始论述三一上帝的三个位格共同按照他们的样式造人。茨温利说，正因为人是上帝按照他的形象造的，他就会在内心的隐秘处渴望上帝之道。我们不知道这就是我们所渴望的，但这是我们一切渴望背后的欲望。我们渴望得到只有上帝之道才能给予我们的生命与光明。

茨温利真正想要关注的是上帝之道的这两个特性：它是赐予生命的权能之道，也是赐予我们光明的道。首先，上帝之道是确定的（上帝说有就有，比如上帝说"要有光"，就有了光）。其次，上帝之道是清晰的。他的意思是上帝之道不只能被读懂，而且本身就带着启迪之光。我们不需要事先得到启迪，才能明白上帝之道，因为我们并不可能光照自己以被带到上帝之道中。相反，这道就是光，照进我们固有的黑暗里。这一信念对茨温利的改革工作必不可少：他可以向所有人传讲圣经，因为所有人都可以明白圣经，而不是只有受过教育的精英才能明白。然而，他说上帝之道带着它自己的启迪之光，意思也是说，我们不是因为人对我们这么说或凭借任何理性的辩论才认出圣经是上帝之道，而是因为当上帝说话的时候，我们就一定会认出它是上帝之道。我们知道圣经是神圣的，不是在教宗如此说的时候，而是在我们读圣经的时候。我们若看不到这一点，错在我们。茨温利说道：

> 我们就说很醇厚的葡萄酒吧。健康人喝了，会觉得味道醇美，对他而言，美酒可活血健体，令人舒畅。然而若有人生病或发热，让他尝一下也难，更不用说畅饮了。他甚至会惊讶那健康人竟能喝下那东西。不是酒不好，而是他生病了。上帝之道也是如此。圣经本身是正确的，它所宣告的总是引人向善。若有人不能承受，不能明白，或不能领受，那是因为他生病了。

> 圣经被如此高举，成为苏黎世宗教改革的发动机。茨温利说，上帝之道就像是汹涌澎湃的大河。我们可以极大的信心来传讲它，因为那创造世界、拯救世界、改变世界的正是上帝之道大有功效的全能。

变革终于来临了，但并不是每个人都喜欢。真诚的天主教徒反对茨温利的神学，修士怕被赶出修道院，还有一些人只是不喜欢改变。没过多久，街头就开始流传一些关于茨温利的谣言，说他是法国国王派来的间谍，更荒谬的是有人说他是教宗派来的间谍，说他本人行为放荡（旧事重提），是异端分子，甚至是敌基督。

恶语中伤是一回事，但被称作异端分子，则会让人们质疑宗教改革的本质。茨温利奋起捍卫他的神学，写出了《六十七条论纲》，而在五年前，马丁·路德写出了《九十五条论纲》。路德的论纲只限于对赎罪券和腐败的中世纪神学发起攻击，而茨温利的论纲却是有关宗教改革思想更为全面的大纲。在这份论纲中，茨温利论述了教会的真正元首基督是通过他的道统管教会，而不是通过教宗。这样一来，圣经而非教宗才是导师。这是直接刺向教宗权威的致命一剑。他也论述说，基督在十字架上受死，已献上完全的祭，因此不需要在弥撒中一次次重复这个献祭过程。这就对神父的职分发起了挑战，因为神父就是主领弥撒的。他抨击了向圣徒祈祷的做法，否认炼狱的存在。他也论述了只有信靠基督而非我们自己的善行才能得救。这是

苏黎世大教堂

向罗马直接发射的第一发炮弹，也是极重的一发。

茨温利有没有剽窃路德的神学观？

茨温利常常声称他并非在路德的帮助下得出自己的观点：

教宗一党的人说："你一定是路德派，因为你所传讲的和路德所写的如出一辙。"我回答说："我所传讲的和保罗所写的如出一辙。那你为什么不称我为保罗派？"不要把路德的名字连到我身上，因为他所传讲的东西我没读多少。除了我的元首基督，我没有别的名字。我是他的士兵。尽管如此，我也非常尊重路德，一如我尊重别人一样。

许多人以为，茨温利能够独立而几乎同时得出这么富有"路德派"色彩的观点，不可能是巧合。他是不是路德的秘密追随者，却装作是自己得来的发现，为要自己得荣耀？

　　或许不是。茨温利思想的整体基调和路德不同，他所强调的信息也与路德相异。比如，茨温利确实也相信唯独因信称义，但这一教义在他那里从来没有像在路德那里那么突出。其含义也不一样。路德相信，当亚当犯罪并被宣判有罪时，整个人类也都"披戴"了他的罪；可当我们转向基督的时候，我们也"披戴"了他的义。而茨温利更多相信，我们每个人实际犯罪的时候才有了罪，但基督让我们自己有了义。路德认为，信徒是义人（在上帝面前的位分），同时也是罪人（在内心里）。这种观点在茨温利的思想中并未真正出现过。茨温利所强调的更多是关乎偶像崇拜的问题，即是信靠受造之物还是信靠造物主的问题。

　　对茨温利构成影响的是圣经，如果还有别的影响，那更有可能是伊拉斯谟，而不是路德。茨温利在陈述观点时会引用保罗的话，也乐于引用柏拉图，这一点酷似伊拉斯谟，而不像路德。他认为基督是我们的救主，但更倾向于视基督为楷模，这一点也像伊拉斯谟。然而，我们对此绝不可过分夸大。在茨温利的作品中，我们会一再读到这样的句子："正如亚伯拉罕信奉他那当称颂的后裔耶稣并因他得救一样，如今我们也是因他得救。"然而，茨温利对救恩的关注没有那么大。结果，路德和茨温利的信息看上去就很不一样：路德翻开圣经，看到的是基督，而茨温利所追求的就是翻开圣经。

　　两者之间的差别几年之内发展为张力。1529 年，两人终于会面了。德国中部黑森的新教统治者菲利普邀请路德和茨温利到他位于马尔堡的城堡，试图达成新教的合一。两位改教家发现他们在大多数问题上能达成共识，可在圣餐问题上观点无法调和。路德相信基督的身体和血真实地临在饼和酒当中，使圣餐成为上帝赐下的恩典。那些凭信心接受基督的人是蒙福的，而那些没有信心就领圣餐的人则要面临特别的审判，因他们藐视摆在他们面前的基督。茨温利则坚持基督的身体并不能真实地临在饼中，饼只不过是象征基督的身体而已。对他而言，圣餐只不过是一个象征，帮助我们来记念基督献上的祭，表明我们是他身体上的肢体。路德对此颇为震惊，在他看来，茨温利似乎把圣餐变成我们做一些事情的机会（即记念基督，并表明我们的某种身份）。当然，这意味着圣餐不再关乎恩典，而是关乎善行。路德就此以为茨温利已然不可救药地违背了福音的原则，于是拒绝与他为伍。维滕堡和苏黎世的宗教改革就此分道扬镳。

苏黎世被上帝使用

　　茨温利和反对者一决胜负的时刻到了。一场公开辩论会安排在 1523 年 1 月 29 日，茨温利要就他的观点进行辩护。到了那一天，市政厅挤满了人，因为这将是一场激烈的神学辩论，关系到苏黎世未来的走向。茨温利刚步入市政厅，人们马上就看出他是有备而来。他讲话的时候，面前摆放着大部头希腊文新约、希伯来文旧约和拉丁文武加大译本圣经，而且都一一翻到相应位置。显然他对这几本圣经了如指掌。他能够凭记忆引用大段经文。总之，他无可匹敌，也确实在这场辩论中获胜了。谁也不敢直接挑战这位曾被指控为异端分子的神学巨人。茨温利大获全胜，市议会立刻下令，规定在苏黎世只有符合圣经的讲道才合法。

当然，这一事件改变了一切。可当务之急是，如何能实现改变？很少有人熟谙圣经，真正能按圣经讲道的人少之又少。于是，茨温利开始创建一所学校，用来培训传道人。第一阶段就是先为男童建起一所文法学校，让他们能读书识字。下一阶段就是建起一所神学院。用茨温利的话来说，学生可以在这里获得"说方言的恩赐"（即学会希伯来文、希腊文和拉丁文），也可以学习"作先知讲道"。经过一段时间的圣经学习和上神学课之后，在圣经知识上受到良好训练的一代牧师和宣教士兴起了。除了学习之外，他们也给圣经许多书卷作了注释，同时也翻译出一部有丰富插图的圣经全译本。这个圣经译本于 1531 年出版，被称作苏黎世圣经。这样，茨温利就为苏黎世的宗教改革装好了炸弹，使这场以圣经为武器的入侵势不可挡。

安娜·茨温利

茨温利早就确信罗马要求神父守独身是错误的。圣经从来没有教导过这样的事。但他也相信，他如果真的结婚，就会成为一些人的绊脚石，毕竟还有人没有像他那样认识到圣经的权柄高过教宗。于是，他于 1522 年和安娜·赖因哈特（Anna Reinhart）秘密结婚。两年以后，他觉得人们可以接受了，才举行了正式婚礼。此后他们夫妻二人生了几个孩子，但大多夭折了。

他虽不认同在教会里使用乐器，可在家里，他却是一位很有成就的乐手，可以演奏好几种不同的乐器。而他弹奏乐器，似乎更多是为了逗孩子开心，或是哄他们睡觉。

茨温利死后，他的副官和继承者海因里希·布林格（Heinrich Bullinger）把安娜和两个幸存的孩子接到自己家中。

开始有修道院被关闭了：有些修士和修女索性离开了，或者只把修道院当作住处而已。这是不可避免的。教堂也改换一新：圣物、圣徒画像、耶稣受难像、蜡烛、祭坛和神父袍都被挪去了。甚至管风琴也被搬出去了，因为茨温利反对在教堂中使用乐器，恐怕器乐的美感会引诱人们把音乐当偶像。但真正的改变发生在 1525 年的复活节。在那一天，他们没有望弥撒，而是在教堂正中间放置一张普通桌子，桌上摆着木盘，上面放着白面包，木盘旁边放着一壶葡萄酒。没有人用拉丁语吟唱祷词。全程都是用人们能听懂的瑞士德语进行。然后，会众依然坐在长椅上，有人不仅把面包、也把葡萄酒分给他们。这是会众从未见过的。有了这样的圣餐，他们就不再领受罗马教会的圣事了。至此，他们彻底脱离罗马。

主的刀剑

在茨温利的时代，瑞士联邦名义上隶属于神圣罗马帝国，实际上却是由一些各自为政的小城邦组成的集合体，而苏黎世就是其中的一个小城邦。苏黎世的宗教改革让那些信奉天主教的城邦越来越紧张。宗教上分裂了，瑞士联邦还能存在多久？皇帝的天主教军队是否会让所有城邦来承担苏黎世所犯的罪并因而大举入侵？看来，苏黎世将不可避免地给他们带来厄运，于是他们选择先下手，以避免这一场灾难。不久，山谷中听到了战鼓声。1531 年夏天，天上出现（哈雷）彗星。这是战争的征兆。

没过多久，一支瑞士联邦天主教军队开向苏黎世，他们的目的只有一个，就是入侵苏黎世，使其回归天主教。苏黎世很快组建起一支抵御军队。茨温利知道，假如苏黎世战败，这里的福音之火就会熄灭。

卡佩尔战役

于是他顶盔贯甲，准备亲自带领军队作战。他要拿起武器捍卫福音，做"上帝的雇佣兵"就做到底。10 月 11 日，两军在苏黎世城外的卡佩尔（Kappel）交战。苏黎世根本不是对手，轻易即被击溃。茨温利本人也身负重伤。联邦军士兵发现他动弹不得，就命令他向圣母马利亚祈祷。他拒绝这样做。翁特瓦尔登（Unterwalden）的付京格（Fuckinger）上尉将他刺死，让随从将他的遗体分作四块，然后烧成灰烬。不仅如此，他们还把他的骨灰和马粪搅拌起来，免得有人将他的骨灰拿去当作圣物。

很快就出现了一个传说。据说三天以后（这是有象征意义的），茨温利的朋友在战场上发现了他的遗骸（大概已经腐臭了）。他们看到他的心脏从骨灰中显露出来，毫无玷污。他们把这个心脏分成几片，每人拿了一片，珍藏起来，当为圣物。这真具有讽刺意味。这个传说并不完全是迷信，或许还有更多的意味。据说茨温利在被刺死之前高呼："你可以杀我的身体，但不能杀我的灵魂！"这倒是极有可能。关于茨温利心脏的传说，所表达的意思是：他的身体虽被打倒，并且被焚烧，但他的心却没被杀死。在那些被他的讲道所打动的人心中，他的精神是活着的。此后，布林格接过苏黎世宗教改革的领导权，在接下去的四十年里带领改革走向稳定成熟。五年之后，一位名叫约翰·加

尔文的法国人来到瑞士的日内瓦城，他带来的似乎就是茨温利的一片
心脏。

走向激进

路德和茨温利两人都要面对激进分子。无论是在维滕堡，还是在
苏黎世，总有一些人认为宗教改革进展缓慢，或者走得不够远。提及
激进的宗教改革，最重要的城市就是苏黎世，因为那里的激进分子最
终取得最大的成功。他们将留下极端宗教改革最持久的遗产。不过，
我们需要先放下苏黎世，来看看维滕堡的状况。

1521 年，马丁·路德在从沃尔姆斯受审归来的途中，被劫持到瓦
特堡，在那里被保护起来。维滕堡宗教改革的主导权于是落在路德的
同工安德里亚斯·卡尔施塔特（Andreas Carlstadt）的手中。这真是一
个错误：卡尔施塔特做事莽撞，把改革推进得太快，民众一时未做好
准备。比如在圣诞节，他向会众发放饼和酒。他把饼放在盘子里，吩
咐会众自己去盘子里取，而不是像天主教神父那样把饼放入他们口
中。会众惊恐异常。他们相信这饼就是基督的身体，用他们的脏手
去取，是一种亵渎！这是多么可怕！有一个人抖得太厉害，把饼掉
到了地上。卡尔施塔特吩咐他捡起来，可他被吓坏了，怎么也捡不
起来。

不单是卡尔施塔特在力推加速改革，一旦讲坛上有人讲到拜偶像
是邪恶的，接下来就有酒气熏天的暴民打砸天主教堂里的圣坛。暴行
几乎无法遏制。我们不能说这些砸圣像的人没有宗教热诚。许多人
从内心深处反对这些圣像和它们所代表的一切。可是也要知道，在 16
世纪的德国，没有太多的娱乐活动可让人心情激动，而砸雕像、砸玻

璃、烧木头圣像肯定是个乐子。醉汉和百无聊赖之人不需要太多的引诱就会去做。这样的打、砸、烧通常被故意搞得很滑稽。比如有一次，人们指责一个圣母马利亚的木头雕像是女巫，然后他们就把它丢进河里要做试验。那雕像是木头做的，肯定会浮起来。于是他们给它定罪，把它烧了。大家都很喜欢这样做。

不止如此，有三个人从附近的茨威考 (Zwickau) 来到维滕堡。他们自称是先知，说他们不需要圣经，因为主直接和他们说话。他们拒绝婴儿洗礼的教义，鼓吹要通过屠杀不信上帝之人加快上帝国度来临的进程。"要么重生，要么去死！"变革的闸门打开了，放出来的却是泛着白沫的激流。维滕堡陷入一片混乱。

面对此情此景，路德不顾生命安危，结束隐居生活回到维滕堡，呼吁改革要谨慎从事。他做了一系列的讲道。像茨温利一样，他在讲道中论述说，真正的改革来自内心的归信，而不是改变外表的做法。他也像茨温利一样，认为改变人心的力量只能来自上帝的道，而不是诉诸锤子、火焰和武力：

> 我不会凭武力限制任何人，因为信心是不经强制而自由生发的。就以我自己为例，我反对赎罪券，也反对信从教宗，但我从来不用武力。我只是教导、传讲，并且本着上帝之道写作，否则我就不做什么。当我睡觉的时候，或者同我的朋友菲利普和阿姆斯多夫一起喝维滕堡啤酒的时候，上帝的道就极大地削弱了教宗的势力，而任何王侯或皇帝都从未给它些许折损。我什么也没做，是上帝的道做成了一切。

路德相信，那些激进分子没有抓住宗教改革的要点。他要攻击的是一个观念，即我们可以做点什么，好在上帝面前赢得功德。相反，激进分子要攻击的是圣像和圣事，而茨威考的那几位"先知"要攻击的是圣经。路德的信息是，所有救恩纯粹是上帝的恩赐，凭着单纯的信心就可领受。激进分子的信息却是，外在的一切都要拒绝。

双龙卷风：闵采尔和明斯特

如果说路德还能在维滕堡控制局面的话，其他地方则是大火蔓延，开始失控。其中的原因很多。单说有一位托马斯·闵采尔（Thomas Müntzer），他简直就是长腿的地狱。比起他来，卡尔施塔特就是一张湿毯子。这位闵采尔把神秘主义、路德宗信条和伊斯兰教奇怪地揉到一起，随即开始布道，东一句地狱之火，西一句硫磺火湖。他自比基甸，称自己是勇士加先知，前来向不敬虔之人宣告审判。他自以为知道一切，因为上帝直接向他的内心启示"内在的话语"，这比那位路德自吹自擂的"外在的话语"高超千万倍。他对路德尤其无礼，把他看作真宗教改革的仇敌。当然，路德也不是好惹的。有一次他说："闵采尔自以为他吞下了圣灵、羽毛和一切！"

闵采尔热切关注路德的福音的社会意义。路德曾教导说，所有信徒在属灵上是平等自由的。闵采尔认为应该把这个理念贯彻到社会生活中，实现社会地位上的平等和政治上的自由。一切不平等、政治压迫和不敬虔都应该除掉，然后末日就到来了。闵采尔想要用刀剑加快那大日的来临。这一切都与路德的思想大相径庭。路德所说的基督徒的自由与政治上的自由毫无关联。《论基督徒的自由》开篇的名句，"基督徒是全然自由的众人之主，不受任何人管辖。基督徒是全然顺服的众人之仆，受任何人管辖"，可谓一语道尽基督徒自由的真谛。在路德看来，受压制的农民在属灵上可以像富有的诸侯一样自由。

然而，闵采尔这样的人带来的往往却是社会的不安定。1381 年，约翰·巴尔（John Ball）呼喊道："当亚当种地、夏娃纺线的时候，有谁是绅士？"一下子挑起了英格兰的农民暴动。历史注定会重演。在路德的时代，社会的不满情绪已在暗地里燃烧，而闵采尔关于末日的激烈讲道好比火上浇油。不久，欧洲大部分地方都烧起了大火。空气中弥漫着末日的期待和狂热的预言。此时，闵采尔这样的人真是如鱼得水。有一则预言说，几大行星会于1524年形成双鱼座的图案。人们普遍以为，这则预言预示会出现大恶。紧张局势不断升级，最终导致1524—1525年德国农民战争爆发。在欧洲历史上，这是1789年法国大革命之前最大的一次民众起义。1525年，战争进入决定性阶段。闵采尔率领一支农民军开赴弗兰肯豪森（Frankenhausen），当战斗即将打响时，天空出现了彩虹。闵采尔以为这是祥兆，预示上帝将审判敌人。然而，装备低劣的农民军惨遭正规军屠戮，闵采尔也被俘获，受尽酷刑后被砍头。

闵采尔死了，连带着许多对宗教改革的良好愿望也破灭了。许多统治者分不清闵采尔和路德，如今以冷酷无情的心态看待整个运动。如果宗教改革意味着叛乱，那他们就坚决要粉碎它。至于那些能够区分清楚的人，他们对不同的激进做法也一样心怀愤怒和猜忌。他们不能再容忍了。

闵采尔只不过是对欧洲发出的第一次警告。更糟糕的还在后面。来自哈勒姆（Haarlem）极具魅力的面包师约翰·马提斯（Jan Matthijs），他和许多人一样仍然相信末日近了。但与闵采尔不同，他知道细节。他预言德国北部的明斯特（Münster）就是未来的新耶路撒冷，那里将会成为一切末日行动的中心。真信徒要在那里聚集，哈米吉多顿的审判也会从那里开始。激进分子开始向明斯特云集。1534年，他们在市议会选举中获胜掌权。

这样，变革随即发生。婴儿洗礼被定为非法，成人洗礼则要强制执行。凡拒绝受洗的成年人会被驱逐出城。共产主义式的生活被强制推行，无论白天还是晚上，家家户户都必须开着家门，表明一切财产公有。明斯特成为欧洲的耻辱，不久，该城被围。然而这只能增加城里人的末日狂热。1535 年复活节，马提斯独自一人冲出城门，与围城的敌军对抗。他显然以为上帝会给他能力，让他一人就可击败敌军。结果可想而知，他失败了。或许是一个名叫莱顿的约翰（Jan van Leiden）*的人怂恿他这样做，因为正是他后来继承了马提斯的职位（莱顿的约翰曾一边裸奔穿过街道，叫喊狂热的预言，一边口吐白沫，这让明斯特全城的人很自然想到马提斯）。

莱顿的约翰解散了市议会，选立了有象征意味的十二位新长老。他手持金苹果（代表他对全地的统治），膏立自己作这座新耶路撒冷城的大卫王。他强制推行一夫多妻制，违者会被处死。实际上，拒绝成人洗礼、发怨言、诽谤、斥责父母和任何微不足道的"冒犯"，都会被处以极刑。莱顿的约翰有十六个妻子，其中有一个仅仅因为对他无礼，就被他在城市广场上亲手砍头，尸身遭到践踏。

1535 年 6 月，两位市民忍无可忍，他们打开一处城门，把城外的敌

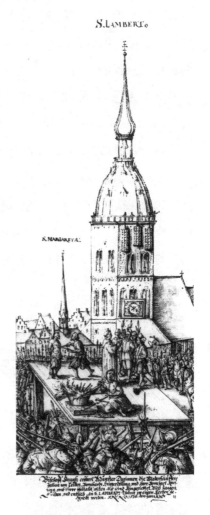

处决莱顿的约翰和他的党羽（请留意尖塔上挂着的三个笼子）

***

* Jan van Leiden，或称 Johan van Leiden。——编者注

军(这是天主教和路德宗的联军,两方本来彼此相敌,现在却联合起来了)引进来。敌军蜂拥而入,将城内居民屠杀殆尽。可对于莱顿的约翰,要用更残酷的处决方式才行。他和他的两个党羽均被烧红的钳子分身,然后被装在三个笼子里。这三个笼子至今还挂在圣兰伯特(St Lambert)大教堂的尖塔上(当然尸骨早已无存)。

由巴滕堡的约翰(John of Batenburg)所领导的巴滕堡党人认为,问题在于莱顿的约翰本人。他维持着一夫多妻制的共产主义式婚姻,进而横行无忌,凡不加入他们的都遭到杀身之祸。对于大多数人而言,闵采尔和明斯特共同留下的遗产给激进的宗教改革投下了怀疑的阴影,长时间挥之不去。激进分子与这等人为伍,肯定树敌甚多。他们当中有许多人或许主张和平,但至此都被涂上危险的革命者的污名。这意味着在接下来的几十年里,他们会面临来自四周的残酷逼迫,他们需要改变策略了。既然人们已怀疑那些自称是先知的魅力型人士,越来越多的人就开始转向出自苏黎世的那种热爱圣经、热爱和平的激进主义。

香肠门事件

苏黎世人不造反,也不闹事。他们吃香肠。1522 年大斋节,有十二位朋友聚到一起吃香肠宴。依据传统,大斋节期间禁止吃肉,但这些人却想要打破传统。茨温利没有参与,因为拿香肠来表明态度不是他理解的宗教改革。但他也公开为这些朋友辩护,他认为大斋节只不过是人制定的。基督徒只可根据上帝的吩咐来敬拜。加上人的吩咐(比如基督徒能吃什么以及什么时候吃等等),就是把不必要的担子放在人身上,基督从未叫他的跟随者担这样的担子。

　　然而,苏黎世香肠风波只是第一声惊雷。它表明苏黎世有人不赞同茨温利仅仅通过教导圣经来改革的模式。不久,他们就开始扰乱主日崇拜,砸圣像,甚至想要脱离他们所见到的教会腐败,另行建立纯粹由真信徒组成的教会。这是他们与茨温利的另一个主要分歧。茨温利只是想改革教会,而不是离开教会。

　　茨温利想改革教会,而有些人想要分裂教会,诸多分歧加在一起,最终导致了洗礼危机。1524 年,苏黎世附近的一座小镇的牧师开始在讲道中反对婴儿洗礼,有人也开始拒绝让他们的孩子受洗。显然,他们的目的是要强行与腐败的古老教会分离。正如圣餐礼把路德和茨温利分离开来一样,洗礼也把茨温利同激进分子分离开来。其实,从许多方面来说,激进分子关于洗礼的观点只不过是茨温利思想的延伸,但恰恰是在洗礼问题上,他们却走不到一起,这很具有讽刺意味。茨温利论述说,圣餐礼关乎表达信仰。激进分子则说洗礼也是一样。在他们看来,洗礼是公开的见证,见证他们内心已经受圣灵的洗,并且重生。然而,这和茨温利与路德关于洗礼的看法不同。对激进分子而言,洗礼为福音所赐,相当于旧约中的割礼,要凭信心来回应。这就是分歧之所在：依据茨温利和路德的说法,给婴儿施洗完全合宜,而按照激进分子的说法,这样做完全错误。

　　1525 年,一场有关洗礼的公开辩论会在苏黎世举行。最终,茨温利和布林格在辩论中获胜。市议会于是命令所有儿童都必须受洗,违者将被驱逐。几天之后,一小群人冒着大雪来到腓力斯·曼茨(Felix Mantz)的家中。在那里,广为苏黎世激进分子所爱戴的康拉德·格列伯(Conrad Grebel)为乔治·布劳若克(George Blaurock)施洗,布劳若克本人随后又为其他人施洗。在接下来的几周内,又有许多成人受洗,不久,这些人开始自行领圣餐。所有人都看出这是在宣告从现存教会独立出来。这是一场不同的运动,被称作"瑞士弟兄会"(Swiss Brethren)。如果还有人不能立刻看到这一点的话,那么当他们看到以下这一幕就会明白了：一群激进分子一边游行穿过苏黎世，一边喊着说："苏黎世，你有祸了，有祸了！"这群人小时候受过洗，成年后又再次受洗，从此他们（还有所有的激进分子）被称作"重洗派"。[1]

市议会对此无法容忍，命令所有这类重洗派必须要再受一次洗，也就是要把他们淹死。腓力斯·曼茨首当其冲。1527 年 1 月，曼茨被一条小船带到流经苏黎世的利马河（River Limmat）中央，他被捆着双手投入冰冷的水中淹死。在整个过程中，曼茨平静温和的勇气令站在岸上旁观的人震惊。他们或许厌恶他所坚持的立场，却不得不承认这位激进分子与托马斯·闵采尔大不一样。

从诸多方面来看，曼茨表明了重洗派的未来：他没有采取攻势，而是被动防守；没有发动革命，而是力求从传统教会分离出去；没有随从所谓的"内在的话语"，而是顺从圣经的带领。然而，重洗派也像曼茨一样，不可能指望得到善待。闵采尔和明斯特投下的阴影困扰他们长达一个世纪之久，使得他们在欧洲仍然被人当作既被藐视又令人害怕的怪物。不久，又有三人被沉入利马河底。曼茨等四人殉道只不过是个开头而已。此后又有许多重洗派信徒殉道。

重洗派被当时的人弃绝，这反而使他们越发采取分离主义的立场。世人把他们连同他们所传讲的信息弃绝，而他们也将跺掉脚上的尘土，弃绝世人。他们要建造一个彻底独立于腐败敌对世界的社群，其成员都是献身为主的门徒。重洗派远离这世界的罪恶，也远离任何沾染罪恶的人。比如，雅各·胡特尔（Jacob Hutter）在莫拉维亚内地建立起一系列共产主义式的据点。1527 年，迈克尔·萨特勒（Michael Sattler）和其他重洗派信徒在苏黎世以北的施莱特海姆（Schleitheim）聚集，起草了一份重洗派信仰告白，即《施莱特海姆信仰告白》（Schleitheim Confession）。这份告白共包括七条主张：分离主义，确认只有信徒才能受洗；信徒要远离有罪之人；只有受洗的成年信徒才能领圣餐；要把信徒和非信徒分别开来；牧者在教会中的重要性，会众有权选择牧者；完全的和平主义；禁止起誓。

然而，若有重洗派信徒天真地以为分离主义立场有助于他们被世人遗忘，或不受世界搅扰，那他们肯定会大为失望。对当权者而言，分离主义几乎像叛乱一样让他们惊恐。因为它暗示别人都不是真基督徒，这就足以使人反感了，至于拒绝宣誓效忠政府，不准备为国家争战，这简直就是叛国。胡特尔和萨特勒以及跟随他们的人遭受了类似的酷刑，后来胡特尔被活活烧死，而萨特勒被烧红的铁钳分身。

门诺·西门

最伟大的重洗派领袖或许就是荷兰人门诺·西门（Menno Simons），他也是这些神学立场最伟大的推动者。他比路德小十三岁，像路德一样，起初也是一位罗马天主教的神父。他经历过

门诺·西门（1496—1561）

疑惑，后来和他的兄弟彼得一起受到重洗派吸引。1535 年，彼得卷入明斯特事件，并因此丧生。门诺大感惊骇，写下了他的第一部作品《莱顿的约翰的亵渎》（*The Blasphemy of Jan van Leyden*）。对于奉行和平主义的重洗派信徒而言，这本书向他们发出了重整旗鼓的号召，门诺于是成了他们的领袖。在他的带领下，重洗派转离了流血革命和追求个人启示的道路。门诺派信徒是和平的，遵循圣经。这样，苏黎世重洗派殉道者腓力斯·曼茨所主张的非暴力、遵循圣经的激进主义到门诺这里就彻底胜利了。闵采尔和明斯特是过去的遗迹，因着门诺，重洗派有了未来。

《施莱特海姆告白》另一引人注目之处在于，它对神学问题谈论太少。实际上，它的七条主张所关注的是实际问题，而非上帝是谁，如何得救。这似乎并不是因为它们试图处理当时的热点问题，事实上，它们反映了重洗派的某些重要观念。整体说来，重洗派更倾向于关心基督徒生活，而不是神学问题。对于像路德这样的宪制改教家（Magisterial Reformers）[2] 而言，要先有神学，然后由神学来指导我们如何生活。而在那些重洗派信徒看来，要先有圣洁，而研究神学不过是激励基督徒顺服而已。路德相信这是灾难性的倒退，因为重洗派没能对恩典的福音进行足够的学习，从而退回到因善行称义的宗教中去。结果，路德称他们为"新修士"，因他认为他们就像过去的修士那样，自绝于世人之外，只关心自己的灵性。

然而他们的神学并非没有实质内容。他们奉行分离主义，把基督徒生活放在首位，两者合到一起就创造出一套与新教的根本思想完全矛盾的神学来。比如，路德所发现的唯独因信称义的教义，在大多数激进分子看来，严重威胁到基督徒真正的圣洁，并因而被他们拒绝。同样，路德相信我们生来就是罪的奴仆，而激进分子不明白，我们若生来就是罪的奴仆，为什么还要努力达到圣洁呢？说我们个人犯罪了才成为罪人不是更好吗？与其像路德所相信的那样，说我们的归宿取决于我们是与亚当联合，还是与基督联合，还不如说得救是关乎个人努力的问题。也即得救更多是关乎效仿基督，而不是被他拯救。随后，他们又激进地重写基督的身份。那些不惜一切代价追求不被这世界污染的人，不能忍受基督曾受世界污染这一思想。于是他们争辩道，基督的身体一定不属于这世界，他的肉体不是从马利亚而来，而是从天上来。若果如此，基督就从来没有和我们一起承担人性的种种限制：他来，不是要救赎我们，而是向我们指明一条完全不同的道路。

圣经？圣灵？理性？到底该信靠哪一个？

尽管在历史上所有的激进改教家都被称作重洗派，但今天的历史学家倾向于把激进的宗教改革分成三个阵营：重洗派、属灵派和理性派。

前两个我们已经讨论过了。重洗派倾向于把圣经看作最高权威，尽管他们从圣经中所看到的有别于宪制改教家。属灵派就是像闵采尔这一类的人，他们遵循上帝直接向他们内心启示的"内在话语"。他们鄙视一切像圣经和圣礼这类外在之物。例如，塞巴斯蒂安·法兰克（Sebastian Franck）在他所著的《七印封严的书卷》（*The Book with Seven Seals*，1539）一书中，就列出了他认为圣经中的自相矛盾之处，目的就是让读者放下那死而无用的字句，转向圣灵给他们的活泼的内在话语。这一派最有影响力的带领人或许就是卡斯帕·史文克斐（Gaspar Schwenckfeld）。他聚集了一批极为忠诚的追随者，直至今天，仍然还有史文克斐派信徒。他们聚会的方式是典型的属灵派做法：没有圣职、没有圣礼、没有正式的敬拜，只满足于在家里祷告和彼此劝勉。

至此，我们还没有介绍第三个阵营，即理性派。该派认为，宗教改革已经证明教会一直以来在许多方面都是错误的。然而，像其他激进分子一样，他们觉得主流改教家的改革不够彻底。在他们看来，其他传统教会的信念，比如三位一体，应当像炼狱、赎罪券和弥撒这类教义一样被推翻。

第三阵营的领军人物是一位来自锡耶纳（Siena）的意大利人，名叫福斯托·索兹尼（Fausto Sozzini，1539—1604），他更广为人知的名字是福斯图斯·苏西尼（Faustus Socinus）。他继承了他叔父莱利奥

(Lelio)的思想，并把它发展成一套思想体系，被称作苏西尼派（Socinianism）。在17世纪，无论新教还是天主教，都把苏西尼派看成是思想领域的严重威胁。这不是因为该派信徒人数众多，实际上，他们和史文克斐派人数相当，且处于边远的波兰；他们的威胁在于他们触动了基督教信仰的一根神经，因为他们并不单单质疑我们所知道的，还质疑我们是怎么知道的。按照他们的观点，判断正误的标准是理性，而不是圣经。一切不符合"健全的理性"或包含自相矛盾之处的事物皆不可信。很快，他们把三位一体的教义请出门（三不能是一）。与重洗派信徒相信基督不真正是人相反，苏西尼派信徒争辩说基督不真正是上帝。摈弃三位一体的教义这种做法在欧洲边缘地带很受人欢迎，因为在那里人们有更多机会与犹太人和穆斯林打交道。没有三位一体的教义，他们就不会冒犯别人，生活也会更容易一些。

当然，摒除基督教的三一上帝也就摒除了基督教本身。这就意味着他们要找到一位新的上帝和新宗教，而这正是苏西尼派信徒所做的。在这个新宗教中，耶稣仅仅是一位教师，而不是救主。十字架与罪和罪得赦免无关。如果它有任何感人之处的话，那也只不过是殉道而已。实际上，罪得赦免简直就不是问题，因为他们根本不相信上帝会审判世人。换句话说，苏西尼派信徒为唯理性的、道德的现代宗教观播下了种子。

显然，那时有许多种改革模式，有些模式与路德的呼声大相径庭！它们彼此间的不同不在于热心、策略，也不在于勤勉，而在于神学。

注释：

1. 不要把重洗派信徒和浸信会信徒混为一谈。虽然两者有一些相似和一致之处，但浸信会并非直接传承自重洗派，而是发轫于一个世纪以后的英格兰，因而有着不同的历史。
2. 主流改教家通常是指"宪制改教家"，因为他们与世俗政权的地方官员合作。

第 4 章

黑暗过后是光明：约翰·加尔文

约翰·加尔文与路德和茨温利截然不同。茨温利当过军人，体格健壮，而加尔文则身形单薄——他自称是"怯弱的读书人"。要是让他和路德一家人坐在一起吃饭，他肯定消受不了那闹哄哄的场面。他骨瘦如柴，经常禁食，因而被人称作"伟大的禁食者"。他最好的时候也不过是每天只吃一餐，为的是保持头脑清晰，也为了保护本不健康的身体。路德会开怀大笑，大口喝啤酒，而加尔文倒更愿意捧着书本安静地坐着。路德有时傲慢粗俗，而加尔文则沉着镇定，（通常）也会礼貌待人。他们两位的眼睛都很引人注目，路德的眼睛闪烁着光芒，而加尔文却目光如炬。两个人都有脾气，一旦被激怒，都令人畏惧，路德怒火冲天，而加尔文则冷若冰霜。两人都著作等身。然而路德写起书来，文字在他笔下喷涌而出，就像巷战中半自动步枪射出的子弹，而加尔文却耗费数年，对自己的主要作品一再打磨。

加尔文原本不会成为基督教名人：他是一位学识渊博的知识分子，总是避开出风头的机会。从他的肖像画来看，他面容清癯，青筋跳动的头上常常戴着一顶普通的黑色帽子。尽管身体羸弱，生性不喜交际，但他那双炯炯有神的眼睛，却表明他有着令人惊异的强大思想和意志。他生性温顺如羊，蒙主拯救后却勇猛如狮。

文艺复兴

1509 年 7 月，让[*]·考文（Jean Cauvin）出生在巴黎北部大约六十英里的农产品市场小镇努瓦永。这一年，路德和茨温利刚刚当上天主教神父，一位心中充满恐惧，另一位跃跃欲试想要参战。考文是法国人，一直视法国为祖国，把努瓦永当作他在地上的家乡。而领导下一代宗教改革的这一位却是"加尔文"（这个名字用拉丁文读起来更好听）。加尔文就是考文。

加尔文出生的时候，刚好能看到宗教改革之前的世界。在他成长期间，他完全沉浸在本地的教会生活中。他后来曾回忆那时自己亲吻圣安妮的遗骸（圣安妮在欧洲各处有许多遗骸）。他的人生之初与路德刚好相反。他父亲想要他当神父，因而加尔文十二岁时就被送到巴黎读神学。好几个世纪以来，巴黎一直是欧洲神学研究的"航空母舰"，而加尔文就读的学院过不了多久就会有惊人的成就：它在几年时间里就培养出了从道德层面进行教会改革的伊拉斯谟、天主教反改革的领军人物伊格纳修·罗耀拉（Ignatius Loyola），还有加尔文。然而，五年以后，加尔文的父亲放弃了

约翰·加尔文

---

[*] 让，法文"Jean"的音译，在英文中拼作"John"，译作"约翰"。——译者注

让年轻的让去作神父的梦想，把他从巴黎接回来，随后又送他去奥尔良学习法律。路德为了成为神父放下了法律行当，令他父亲大为恼火，而老加尔文则似乎为此与教会发生了争吵。不管怎样，他改变了主意，竟至和老路德的看法一样了。他们都认为，法律行业更有前途。

在奥尔良，年轻的加尔文一头扎进文艺复兴的人文主义世界，乐在其中。这里有一班学者，专门以恢复古希腊罗马的美为己任。他们即将凭借自己的学识让那个黄金时代重生。这振奋人心，也令人欣慰。文艺复兴涉及批评教会，当然是从内部温和地批评。对圣母马利亚的依附和相信炼狱从未被质疑。加尔文投身其中，希望再过几年就可以证明自己，并且把伊拉斯谟那顶新学王子的桂冠拿过来，戴在自己头上。

然而，在加尔文刚刚涉入的社交圈子中，有一些人比伊拉斯谟更了解基督的恩典。至少路德是这样断定的。先说加尔文的表弟皮埃尔·罗伯特（Pierre Robert），别号"奥利维坦"（Olivétan）*，因他挑灯夜读所用的那盏橄榄油灯，似乎彻夜长明。他秉承孜孜不倦的家风，二十九岁就完成了法文圣经全译本。另一位名叫梅尔基奥尔·沃尔马（Melchior Wolmar）的人是加尔文的希腊文老师。从他开始，这个圈子变得更有锋芒。到 16 世纪 20 年代，希腊文成为宗教改革的语言。巴黎的索邦大学（University of the Sorbonne）是古老正统的捍卫者。它已清楚看到希腊文和希伯来文的危险，于是试图采取法律手段禁止人们学习这两门语言，免得给异端打开大门。因为自以为是的人若是掌握了圣经语言，就可能以为他们只要读了圣经文本即可自行明白圣经。然而，索邦的教授却坚称，圣经的真意要在它的"神秘"意义上才能找到。"要是没有受过神学专家的教育"，人们就不能理解圣经

---

* "奥利维坦"是法文音译，意即"橄榄人"。——译者注

的"神秘"意义。

或许沃尔马不仅传授给加尔文希腊文知识，还把路德的一些作品借给他看了。无论如何，加尔文开始认识到"重生"并不仅仅是恢复古典时代，而是更为个人的事。他后来写道，大概在这时候，"上帝突然转变了我，征服了我，让我的思想更为受教"。此外，我们不知道他还有过什么别的转变。这倒是加尔文的个性，他从来不喜欢谈自己。然而，如果说他此前是一位关起门来一心追求学问的人，那么如今他则成了"爱耶稣基督的人"，正如他自己所说的那样。

法国着火了

法国的宗教改革一直以来还算顺利。年轻的国王法兰西斯一世并不热衷挥舞大棒，而是一位颇为仁慈开明的君主，乐于保护那些想要改革并洁净教会的人。1528 年，有人持刀来到巴黎的一个据说颇为灵验的圣母马利亚雕像前，砍下圣母像和圣婴像的头，将之砸碎，又拆下圣像上面的顶篷，恣意践踏。法兰西斯闻此，放声痛哭。随即带领市民在街上游行来赎罪。路德在维滕堡所指责的正是这种打砸行径，然而正是路德的跟随者因这种暴行而受苦。法兰西斯开始采取措施打压路德派信徒，甚至窝藏路德派信徒的人也不能幸免。不止如此，教宗不久后向法兰西斯下发一份教谕，特别责成他扑灭"路德派异端以及其他寄生在这个王国的异端教派"。

恰在此动荡之秋，巴黎大学新任校长尼古拉·科普（Nicholas Cop）在新学期的开学致辞上说了极具路德派色彩的话，让人难以消解。他自觉被捕在即，于是逃至瑞士的巴塞尔，在那里与像伊拉斯谟这样的人以及其他像奥利维坦这样的难民会合。加尔文的名字很快也上了黑名单。或许他参与了科普致辞的起草。法国当局前来缉拿他，在这千钧一发之际他逃离了自己的房间——他用床单拧成绳子，从窗户逃了出去。他的房间被彻底搜查，信件也被全部没收。加尔文开始走上逃亡之路。

随后，法国的紧张气氛又升级了。1534 年 10 月的一天晚上，法国各大城市都出现了攻击弥撒的大字报。有一张甚至还贴到了位于翁布瓦兹堡的国王寝宫的门上。没有人知道这份措辞强硬的大字报是谁写的。这份大字报自称"揭露真相：教宗对弥撒的可恶严重之滥用，为直接冒犯主耶稣基督之圣餐而发明"，辱骂弥撒为亵渎上帝的"骗人把戏"，是"拜偶像"。如果说此前国王还不甚明了的话，至此他明白了，所谓"宗教改革"，只不过是煽动叛乱的另一种说法而已，异常危险。他又一次带领市民在巴黎街头游行，为这桩渎神之事赎罪。这一次，他增加了一个全新的献祭环节，以平息上帝的怒火：他命人在游行路线上点燃几处柴堆，把被认为参与写大字报的三十六名犯人扔进熊熊烈火中烧死。

形势令处于藏匿中的加尔文越发紧张。他同意大字报所说的神学立场，但写作之人和砍圣像之人的莽撞做法颇令他忧伤。或许是受这一事件触发吧，他写的第一部神学论著不是反对罗马，而是反对重洗派。这部论著反映了他终生持有的这一观念：他恨恶有人把宗教改革弄得面目全非，或肆意妄为，因而让宗教改革背上恶名。

没过多久，加尔文感到法国的时局已经变得无法忍受了。法国已经变成了埃及，为了敬拜主，加尔文必须离开这被掳之地。于是，他溜过边界，成了流亡者。对他而言，这显然是艰难的抉择，他从未停止回望美丽的祖国，盼望有一天，祖国会得自由。他为此勤奋工作，从异国他乡呼吁他的法国同胞奋力抵抗。

"只一次"

大字报反对每天在弥撒中献祭，其论据出自《希伯来书》7：27："他不像那些大祭司，每日必须先为自己的罪，后为百姓的罪献祭，因为他只一次将自己献上，就把这事成全了。"如果说在德国点燃宗教改革的火花是《罗马书》1：17 的话，那么，《希伯来书》7：27 就是点燃法国宗教改革的火花。若说基督为罪献上的祭是完全的，那么就没有必要再重复献祭，也不能重复。我们为赎罪所做的努力既不必要，也是对基督的羞辱，好像是说他的工作还不够完全。如果基督献上的祭是"只一次"就够了，就不需要由别的神父或大祭司献上更多。有了基督献上的祭，弥撒、做弥撒的神父，还有其他赎罪的行为就都毫无作用了。基督徒唯一的依托就是信靠基督和他所完成的工作。

"他们四处游走……受逼迫，遭苦待"

加尔文首先来到巴塞尔，与科普和奥利维坦等人会合。在这里，他完成了自己一生为之倾注心血的《基督教要义》第一版。此时，他刚满二十六岁，距他"突然归信"才不过两年。他把这本书题献给法兰西斯一世。毕竟，世人认为这位君主是有思想的人，又真对教会改革感兴趣。他向法兰西斯悉心解释说，路德派信徒虽受逼迫，事实上却不是危险的异端分子，他们只不过是追随国王誓言要坚持真正的基督教。然而，这部作品并不单单是为了保护新教徒免受逼迫，用加尔文的话来说，其目的"只是传达某些基本原理，使那些对真宗教有热心之人可以被塑造成真正敬虔的样式"。这本书简单地介绍了新教信仰

（"要义"意为"基本指导"），首版是袖珍书的样式，可以藏在外衣口袋里，便于秘密地传播福音。这就是加尔文想要把宗教改革带给法国的做法。

加尔文因事要潜回巴黎短暂停留，然后希望从巴黎去斯特拉斯堡，并在那里定居。当时有许多从事宗教改革的伟大人物都住在斯特拉斯堡。然而，国王法兰西斯与神圣罗马帝国皇帝似乎争战不休，此时，两军对垒的位置就选在巴黎至斯特拉斯堡的公路沿线。加尔文因此不得不向南绕道而行，也就是说，他必须要经过日内瓦。这倒没什么问题，在阿尔卑斯山环绕的美丽湖边住上一晚，也算是在旅途中有一段愉快的休息时间吧！

日内瓦刚好位于法国和神圣罗马帝国的边界。不管是为了什么目的，这座小城在两者之间维持了几乎完全独立的地位。在过去两三年间，日内瓦可谓改天换地。日内瓦人刚刚赶走了最后一位主教（这位主教相信"教士绝对有责任在桌上摆满珍馐美酒"）。他们已不再望弥撒，并且告诉神父要么改变信仰，要么离开日内瓦（大多数神父选择前者）。这样，日内瓦正式与宗教改革站在一条阵线上。这座小城奉行的格言是 *Post tenebras spero lucem*（我盼望黑暗过后是光明）。为了记念赶走主教这一事件，此时发行的钱币上印了一条新格言：*Post tenebras lux*（黑暗过后是光明），因为他们宣告说，他们从前盼望的，如今已经实现了。

当然，这些变化还伴随着乱局。困惑、抗拒、砸圣像、把祝圣过的饼丢给狗吃，都是常有的事。这样，当加尔文来到日内瓦的时候，这座城市混乱不堪。日内瓦人要启动实质的改革，还需要一些帮助才行。加尔文无意留下来提供帮助。当时在日内瓦推动改革的是一头红发、脾气火爆的纪尧姆·法雷尔（Guillaume Farel）。他听说《要义》一书的作者在城里，并且不肯停留，就来挽留加尔文。法雷尔的造访让这位比他小二十一岁的年轻学者大为吃惊。加尔文连声推辞，说他要去斯特拉斯堡继续做研究。

法雷尔就发咒赌誓说，我若眼见日内瓦如此迫切需要帮助，却退缩并拒绝伸出援手，愿上帝诅咒我的安逸和我所追求的安静的学习。这些话把我吓坏了，于是我改变既定旅程，决定不走了。

就这样，1536年夏天，加尔文在日内瓦住了下来，帮助法雷尔从事宗教改革的工作。可怜的加尔文！法雷尔真是选对人了。他们共同起草了一份全新的信仰告白，并且命令所有想留在这座城市的人都要

纪尧姆·法雷尔

接受这份告白。他们很快又提出其他提案。日内瓦人原本每个季度举行一次圣餐，加尔文想要更频繁地举行圣餐，每月一次。这倒也无所谓。可问题是，加尔文想要禁止声名狼藉的犯罪者领圣餐。这就意味着这些人要在日内瓦受到公开羞辱。更糟的是，这还意味着他们要在这位法国移民的手下受羞辱。这让他们情何以堪？日内瓦市议会最终下令，不允许禁止任何人领圣餐。

日内瓦想要改革，但不是这么大幅度的改革。改教家越推动改革，他们与市议会的关系就越紧张。有一位传道人竟敢列出这座城市的罪，指责有些官员是"酒徒"。显然，对任何想讨人喜欢的人而言，这样做简直是疯狂之举。这位传道人很快就被关进监狱。随后，市议会命令加尔文和法雷尔在圣餐中使用那种老式的片状圣饼，免得留下残渣，犯亵渎罪。加尔文和法雷尔拒绝了，因而被禁止讲道。好像这样就可以禁止讲道似的！他们自然不会不讲，于是双双违反了禁令。市

议会命令他们三天之内离开日内瓦。于是，1538 年，加尔文在来到日内瓦两年之后，再一次踏上流亡之路。

找到希望(和妻子)

加尔文一方面心情烦乱，觉得自己是个失败的改教家，他在日内瓦的所有工作可能会把那里的人推向罗马的怀抱。另一方面，他心中窃喜，因为现在又可以按照原来的计划去斯特拉斯堡，在那里安静地住下来读书了。书籍不会像日内瓦人那样令人心烦。

可怜的加尔文啊！刚刚离开法雷尔(法雷尔独自去了纳沙泰尔 [Neuchâtel])，又落入了马丁·布塞(Martin Bucer)的手中。布塞当时是斯特拉斯堡改革的带领人。在路德看来，布塞不仅是个"大嘴巴"，还是个懦夫。加尔文后来还柔和地同意布塞应该再激进一些，可当他到达斯特拉斯堡的时候，他所遇见的布塞可不是什么感伤之人。他告诉布塞，他所要的只是一处舒适安静的图书馆，布塞听了之后，又把法雷尔的那一套搬出来，称加尔文是逃避上帝呼召的约拿，并且坚持让他做斯特拉斯堡的法国难民教会的牧师。

尽管如此，在斯特拉斯堡的几年却是加尔文一生中最快乐的时光。这里与日内瓦截然不同，他发现自己在这里受到流亡的法国同胞的热烈欢迎。这里有让他开心的团契，有宗教改革的主要思想家与他交谈。他也开放自己的住处，接待和他有同样思想的年轻福音派信徒。他认识到一间归正后的教会是什么样子。他在一间归正后的学

马丁·布塞

院授课。也是在这里，他写出了他的第一部释经著作（关于《罗马书》的注释，他得出的结论自然也是"整部书信的要点在于我们是因信称义"）。有一次，一位神学家来到城里，他从前曾（完全不公正地）指控加尔文不相信三位一体。这是加尔文在斯特拉斯堡的晴好日子里遇到的唯一一朵阴云。这一次，这位神学家又把昔日的指控翻出来。布塞把加尔文召唤来，要他自己做出回应。加尔文脸都气白了。他很快就照着做了。然而，这个指控太严重了，以致在他余生都困扰着他。

没有人能真正说清楚加尔文的浪漫生活。他可不是法国式的浪漫情人。

> 至于婚姻，我不是一个容易被爱情冲昏头脑的人，会被女子的美貌虏获，能够接受所爱之人的一切缺点。吸引我的唯一的美丽就是，她要品行端庄，热心助人，不傲慢，勤俭持家，有耐心，我还希望她关心我的健康。

然而，他却热衷于表达新教是赞许结婚的。1540年，加尔文的朋友们为他在斯特拉斯堡寻找这样一位女子，接连为他安排了好几次相亲。真是好事多磨：他们找到的第一位不会说法语，第二位不感兴趣，还有一位谈得很好，婚都订了，后来又不得不解除婚约。这一切都是6月之前的事！两个月以后，他和伊蒂丽（Idelette de Bure）结婚了。伊蒂丽是一位寡妇，原本是重洗派信徒，是加尔文带领她归正的（这一归正对于加尔文一家的幸福很必要）。她带来和前夫（名字也叫让）一起生的两个孩子。

这桩婚事并非注定就是充满福乐的："唯恐我们的婚姻太快乐了，主从一开始就节制了我们的喜乐。"一场疾病临到他们二人。两年之后，伊蒂丽给加尔文生了个儿子，取名叫雅克（Jacques）。雅克出生后只活了两个星期就夭折了。加尔文在写给朋友的信中说："我们心爱的儿子夭折了，主用这样深刻而痛苦的伤害折磨我们。但他是我们的父，他知道什么对他的儿女是好的。"伊蒂丽与疾病抗争，但一直没能恢复健康。在他们婚姻的最后几年，她的身体每况愈下。1549 年，伊蒂丽去世，留下两个孩子给加尔文。他的痛苦显而易见："我尽最大努力克服忧伤……我失去了一生中最好的伴侣。"加尔文生性不是浪漫的人，但这并不妨碍他从内心深处去感受，去爱。

"回家吧，家在罗马"

雅各布·萨多雷托枢机主教

加尔文和法雷尔被逐出日内瓦后，罗马有许多人也像加尔文一样，以为这座城市会转离宗教改革。枢机主教雅各布·萨多雷托(Jacopo Sadoleto)就是其中一位。

萨多雷托有魅力、温和、博学，认为只要往正确的方向上稍微一推，流浪在外的日内瓦就会回来。他知道加尔文离开日内瓦住在斯特拉斯堡，于是趁机写了一封信给日内瓦。这封信实际上是请求日内瓦回转的情书，也让人从中洞悉罗马如何理解宗教改革。

他一开篇就向日内瓦人致以热情问候："致在基督里最为亲爱的弟兄。愿你们平安！正如平安一直与我们天主教会同在。天主教会乃万人之母，也是你我之母。愿爱与和睦从上帝那里临到你们。"接下去就是甜言蜜语，不断煽情。当然，那些改教家都是一些"狡猾之徒，是基督教合一与平安的仇敌"，他们曾妄想把良善的日内瓦人带入歧途。他们是怎么做的呢？就是凭着错误地教导永远得救的方法。他力劝日内瓦人严肃思考这一问题。

依萨多雷托的说法，到底什么是真理呢？他说，罗马承认"我们是唯独因信得救"——一位枢机主教说出这样的话，着实令人惊异！他进而又澄清道："正是因着这样的信心，我们才有必要把爱理解成我们得救的至为重要的原因。"因此，在萨多雷托看来，因信得救真正的意思是因我们的爱得救。

那么，为什么要信任罗马，而不是信任那些改教家呢？在萨多雷托看来，这是很简单的选择："要么追随天主教在整个世界、在长达一千五百年间所一致认可的东西，要么追随在过去二十五年才引入的新观念。"

担心至此他还不能赢得让日内瓦人心意回转，萨多雷托进而极富戏剧性地想象了这样一幅画面：一位新教徒和一位天主教徒"站在至高审判者可畏的审判台前"。到了审判的那一天，这两个人能说什么呢？到底谁会被宣告无罪呢？那位天主教徒先开口了，他的辩护词是："我顺服天主教会，敬畏并遵守她的法律、告诫和谕令。"随后，那位新教徒恬不知耻地走了上来，开始宣告他的辩护词，他说新教徒已经甩掉了"教会专制的轭"，以便"信靠我们对你的信心，（我们）此后就能够有更大的自由去做我们所列出来的一切"。（这位"新教徒"显然把"唯独因信称义"理解成他应该信靠他自己行出来的信心，而不是信靠基督。若把基督排除在外，他显然可以过那种放任的生活了。）

果不其然，天主教徒赢了，被接到永恒的福乐里，而那位新教徒被赶到外面的黑暗里。原因是那位天主教徒信靠了"永不会犯错"的教会，而那位新教徒一直相信的是他自己的头脑。这让我们再一次清楚地看到，在萨多雷托的思想中，对于个人得救而言，若有人不信靠教会，那他一定就是相信他自己。谈及新教徒，他提出了一连串的问题："他指望什么作他命运的归宿呢？他信赖什么作他的保障呢？他信靠谁作他在上帝面前的辩护者呢？"似乎他永远也想不到，这几个问题的答案或许就是基督。

这还不算完，他在这封信的结尾又向改教家发了一炮。他说，既然改教家分裂了教会，那他们就不可能是在传讲基督的真理。最后，萨多雷托祝福了他的"亲爱的弟兄"，才签名搁笔。

日内瓦人接到这封信后，厚着脸皮请求加尔文——想想他们当初是怎么对待加尔文的——替他们写一封回信。加尔文答应了，不到六天就写好了为宗教改革辩护的一封信，这封信堪称护教学范本。

加尔文在回信一开头就真诚地表达他敬重萨多雷托，说他博学多才。几句话之后，他就露出了锋芒，开始全然推翻这位枢机主教的论点。首先，他抨击了萨多雷托那种软绵绵的腔调，他写道："一位从未与日内瓦人打过交道的陌生人，突然声称对他们有那么深厚的情感，让人颇为生疑。何况此前也没有什么迹象表明枢机主教大人有这份情谊。"

随后，加尔文切入正题。他清楚表明，改教家并不是要分裂教会，而是要改革教会。而且改革也不是他们自己的新发明。他论述道："我们要比你们更接近古人，我们所致力达成的是恢复古代的教会形态。"（宗教改革经常强调这一点）至于在最后审判中的那位好天主教徒的辩护词，加尔文说："他的安全悬于一线，即他的辩护词只是说他一直依附于先祖传下来的宗教。这样的话，犹太人、突厥人、萨拉森人*都同样能逃脱上帝的审判。"然而，加

---

* 萨拉森人是中世纪欧洲天主教对阿拉伯人的蔑称。——译者注

尔文回信的主体还是专门讨论了"因信称义的问题。这是我们之间最首要、最尖锐的争议"。加尔文在这里的论述颇有启发性："无论在哪里，若把因信称义的知识拿走，基督的荣耀就黯淡了。"在宗教改革的观念中，救恩单单是上帝恩典的赐予（唯独恩典）。在教宗或弥撒那里找不到救恩，只有在基督里才能找到（唯独基督）。救恩要单凭信心来领受（唯独信心）。我们只有通过圣经才能确切知道这一点（唯独圣经）。若这一切是真的，那么罪人就不能在自己得救问题上做任何事情，而只能把荣耀归给上帝。因而，宗教改革的思想把荣耀上帝作为一切神学的引路明灯：神学带领一个人说出的是"只把荣耀归给上帝"（唯独上帝得荣耀）？还是人留下一部分荣耀归给自己？加尔文说，萨多雷托的问题就出在这里："若只有基督的血可以作为重价买回满足、和好乃至洁净，那你怎敢擅自把如此大的荣耀转到你自己的善行上面？"萨多雷托以为，救恩是上帝的恩典加上人的爱结出的果子，这是半生不熟的观念，实际上亵渎并贬低了基督的十字架和荣耀。

至于萨多雷托指责说这样白白得来的恩慈会使基督徒不关心圣洁生活，加尔文敏锐地指出，萨多雷托之所以有这种看法，是因为他忘记了基督："因而，我们既然坚持因信白白地称义，那么哪里有那因信而有的义，哪里就有基督。哪里有基督，哪里就有圣洁的圣灵。那更新我们灵魂、给我们新生命的正是这圣灵。"

重返日内瓦

加尔文在斯特拉斯堡过着快乐的流亡生活，日内瓦却乱成一团。

从前那位用法文写大字报攻击弥撒的作者当了一阵子牧师，后来又离开了。日内瓦在教义上存在混乱，政治上也是一团糟。最后，时局出现了改观，日内瓦又想要请加尔文回来了。于是，在冷酷地赶走加尔文三年之后，他们写了一封热情的邀请信，想请加尔文重回日内瓦。加尔文完全可以一笑置之。回到日内瓦? 想想都觉得可怕。法雷尔本人此时无暇他顾，没法回日内瓦，却催促加尔文接受邀请。加尔文回复说："我宁愿死一百次，也不愿背这个十字架。"

然而，禁不起布塞和法雷尔两人联手来劝说，他最后还是被说服了。可怜的加尔文! 1541 年，他携同伊蒂丽和她的孩子们回到日内瓦，沿着窄小陡峭的司铎路（Rue des Chanoies）到达为他们预备好的小房子。房子已装修好，后面有一处小花园。从这处房子可看到阿尔卑斯山令人惊叹的美景。这真是全城最佳美的所在了。可加尔文不会再信任日内瓦人了。此后他一直把行李箱放在旁边，随时做好准备，一旦再被驱逐，提箱就走。

他回到教堂，登上了昔日服侍过的讲坛。空气凝重，好像预示着有什么大事要发生似的。会众准备好接受一位心怀苦毒的流放者在公开演讲时破口咒骂。可加尔文却接着阐释他三年半以前曾讲过的经节。他尽力把信息讲得清楚透彻。看来加尔文这次回来，没有带着个人的恩怨（绝对没有!），而只是来传讲上帝的真道。

然而，若想要让上帝的话语真的成为他掌管日内瓦教会的权杖，就一定要做一些事情来确保这一点。可问题是市议会实际上已经攫取了权力，取代了从前教宗的位置，在教会事务的方方面面都想"亲手"掌控。加尔文知道他必须在还受欢迎的时候出手。于是，就在他到达

加尔文写给英格兰国王爱德华六世的信

日内瓦的当天，他向市议会提交了一份提案，列出了对日内瓦教会进行全面改革的措施。其中大多数都得到市议会的同意。

提案清楚说明，宗教改革并不仅仅是脱离罗马，而是致力于倚靠上帝的话语不断改革。被改革的教会总是处于改革之中。加尔文提议说，每个家庭都要一年接受一次牧师的探访，每个人都要学会解释福音信仰的要理问答。而且只有学会要理问答的人才能领圣餐。此外，为了确保人们不会把日内瓦和莱顿的约翰治下的明斯特多妻制公社相提并论，他提议成立一个惩戒委员会，以确保社会秩序。

这个委员会没有任何实权来执行惩戒。在大多数情况下，对于那些在讲道或讲解要理问答时溜出去的人，委员会只不过是不痛不痒地批评他们几句。即便如此，还是有人说它太严厉了。与路德在维滕堡所做的形成有趣的鲜明对比，它试图禁止市民频繁出入酒吧，而是让他们去"静修室"，里面有一本法文圣经，也有人监督。毫不奇怪，这个计划并不成功。关于如何给孩子取名的问题，委员会列出了哪些基督教名字可以接受（像"雅克"和"让"），哪些不可以接受（像"克劳德"和"莫奈"）。此时，就有人觉得教会管得太多了。很简单，许多日内瓦人并不想听别人告诉他们怎样过那种委身的基督徒才能过的圣洁生活，因为他们此时尚未委身。有一次，加尔文谴责了日内瓦人，因为他们曾说："哎呀，我们不想要这里这个福音，去找另外一个吧。"谁都可以从他们的声音中听出抱怨。

正是这一切让加尔文赢得了"新教的阿亚图拉"（Protestant ayatollah）*的名声。但这是不公正的。他不该受到日内瓦人如此论断。他自称是"怯弱的读书人"，既无心得到专制权力，也没有机会得到。他只不过是流亡到此的法国人。由于他不是日内瓦的市民，他没有选举权，更不能在世俗政权中担任任何官职。他能在这里住一天，

---

* "阿亚图拉"是对伊斯兰教什叶派领袖的尊称。——译者注

也是因着市议会开恩。保不准哪一天市议会心血来潮，又会把他赶走。

然而，也正是因为加尔文的移民身份，日内瓦人对他更为不满，把他看成是一切改革的挂名首脑。此后，有大批的移民涌进日内瓦，其中尤以法国人居多，即便如此，日内瓦人对他的不满也未见稍减。加尔文1541年回到日内瓦时，这座城市约有一万人。到他去世的时候，人口翻了一倍。新来的人大多是法国难民。他们也像加尔文一样，给日内瓦带来极大改观。他们引入了钟表制造业等产业，甚至人们在街头巷尾所讲的主要语言也变成了法语。

有一位女士从加尔文的出生地努瓦永来到日内瓦，她刚到就说出下面这番话，让人听出，日内瓦对那些在法国受烦扰的新教徒有着多么大的吸引力。

> 哦！能离开那可憎的巴比伦牢笼，我真是太高兴了！我就要从那最后的牢狱中得拯救了！我要是现在仍在努瓦永，那会是怎样一番光景啊？在那里，我不敢公开承认我的信仰，哪怕是神父和修士在我周围口吐各样亵渎之词，我也噤若寒蝉！而在这里，我不只有自由可以把荣耀归给我的救主，坦然无惧地来到他面前，而且还有人带领我到他那里。

人们放下生计，只是为了来到这里，公开过新教徒的生活，听牧师教导圣经。

移民或许快乐，然而，他们的到来却激发了本地人对外国人的恐惧。在酒吧里，人们都在谈论如何对付这些外来人。有一种想法在日内瓦人中颇有市场，那就是认为他们应该"弄来一艘船，把所有法国人和其他该赶出去的人都塞进去，然后沿着罗讷河"把他们都送回法国。他们暗指加尔文也该被打发走。

事态开始变得越来越丑陋不堪了。有一群妇女因跳舞被抓起来。这件事在市民中间激起对加尔文的野蛮反弹。关于加尔文的下流海报在日内瓦城里四处张贴，其措辞之污秽让人难以重述。有一张海报还贴到了加尔文的讲坛上，给人以山雨欲来风满楼之感。16 世纪 50年代初期，一群喜欢荒宴并因而憎恨加尔文的人挑起了骚乱，紧张气氛随之升级。在加尔文讲道时，有人开始弄出各种响声，试图淹没他讲道的声音。有人不停地咳嗽，有人用椅子弄出噪音。

看来，加尔文在日内瓦无法久留。1553 年，他违反规定宣布禁止一位反对他的"放荡不羁的"派系头目领圣餐。他预期下个主日就是他在日内瓦的最后一个主日了。在讲道时他如鲠在喉，但仍然不肯让步。当他主领圣餐时，他宣布说："我宁愿死，也不愿让这只手把主的圣物递给那些已被宣判轻看圣餐之人。"不知为什么，他并未被赶走。然而他在这座城市已是命悬一线了。

迈克尔·塞尔维特

恰在这最为黑暗之际，发生了一件事，给加尔文的名声蒙上了浓厚的阴影。迈克尔·塞尔维特（Michael Servetus）在日内瓦因异端罪被处以火刑。火堆旁立着加尔文的肖像，面露狞笑，给"新教宗教审判官加尔文"这个传闻又添加了绝好材料。那么，到底发生了什么事？加尔文真的是冷酷无情之人吗？

迈克尔·塞尔维特

迈克尔·塞尔维特是西班牙的激进分子,和福斯图斯·苏西尼(Faustus Socinus)是同一类人。他渴望继续推进宗教改革,同时却拒绝接受在他看来是腐朽的信念,比如三位一体教义。在此前几个世纪里,西班牙有大量犹太人和穆斯林,许多西班牙基督徒觉得三位一体教义妨碍他们进入令他们快乐的一神论圈子。塞尔维特成为那场运动的发言人。他坚持说,旧约宗教是简单的、毫无修饰的一神论信仰,惟有圣父是上帝,三位一体教义是后来添加的。如果我们都回到那基本的原初信仰,犹太人和基督徒就不再有必要加以区分了。

对一个全然不同的神的这种拥戴令天主教徒和新教徒同样感到可怕。然而,就在塞尔维特从日内瓦越过法国边境到达维埃纳(Vienne)之际,天主教徒率先抓住了他。发现他是异端分子后,他们首先也想要烧死他,但他们只烧掉了他的肖像,因为他本人已经逃上屋顶,越过国境,逃回日内瓦了。

在日内瓦,加尔文遭人憎恨,对塞尔维特而言,日内瓦倒像是很好的去处。他在日内瓦一露面就被逮捕了,即便如此,他仍心存乐观。他在狱中写信给市议会,要求把加尔文也抓起来,并且貌似慷慨提议,在加尔文被处决后,由他来接管加尔文的房子和财物。在1553年,这样的要求似乎也符合现实。然而,当时整个欧洲的天主教势力都指责日内瓦,说它是异端分子的藏身之处。市议会明白,他们若宽容塞尔维特,那就证明罗马说对了。

他们把神学家加尔文召来,让他做起诉人。不出所料,他们的确发现塞尔维特有罪。日内瓦判处他死刑,瑞士和德国其他的新教城市也同意这一判决。这在当时没有什么大不了的:整个基督教界都认同死刑适用于对异端罪的判决。此前几十年,单单在日内瓦,就有好几十个自称巫师的人、传播灾害的人和拜魔鬼的人被折磨并烧死（他们自己也供认不讳，即便火烧到脚了也不翻供）。别忘了当时是 16 世纪。

在 1553 年，加尔文并没有那样的地位，可以影响市议会的判决。实际上，加尔文曾恳请市议会在执行死刑时采用砍头的方式，好让塞尔维特少受些苦。这个要求当然被拒绝了。随后他最后一次去监狱中探访塞尔维特，盼望能把他争取过来。塞尔维特没有回转，于是被带到城门外烧死了。

火焰烧起来的时候，塞尔维特大声喊道："永恒上帝的儿子耶稣啊，求你怜悯我！"如果他早就预备好喊出"上帝的永恒儿子耶稣"，他就根本不会被烧死。这一差别所揭示出的东西令人不安。这两个认信可谓天壤之别。然而，今天我们努力从这个事实中所看到的，只能是伊拉斯谟精神的教义之光如何全然得胜了。

潮流逆转

1555 年，仿佛突然间云散天开，支持加尔文的人在市议会选举中获胜。这引发了一场骚乱。剑已出鞘，原本反对加尔文的党派首领夺取了城市的权力指挥棒。这明摆着就是一场政变。随后，每个人都想起来，在受人尊敬的瑞士城市，这样的事不该发生。于是，叛乱的罪魁祸首被判砍头、被钉在绞刑架上示众，甚至被分尸。反对派的大多数人趁着没被抓到仓皇出逃。这事过后，一切都改变了。日内瓦迎来了一个新时代。反对加尔文的党派出局了。加尔文因此可以自由地做一些他从前不敢做的事。

有了这个机遇，加尔文要怎么做呢？为了向他的祖国法国传福音，他制定了一个极为机密的计划。那时他已经是法国新教广为接受的流亡在外的带领人，并且定期和法国本土的许多地下教会有联络。1555年之后，他开始以更大的抱负努力工作。他建立起一个秘密网络，安置了一些避难所和秘密据点，为的是能让传福音的人越过边境进入法国，在那里建立地下教会（有些真的是在地下）。此外，为了给这些传福音的人提供资源，他还在巴黎和里昂暗设印刷所。整个工作极为成功。没过多久，巴黎和里昂的印刷所印出来的文字资料数量已经无法满足人们的需求。为了应付这种需要，印刷居然成了日内瓦的支柱产业。

圣巴多罗买节大屠杀

圣巴多罗买节大屠杀

1572年8月24日（巴多罗买节），在巴黎有几位身为新教领袖的显贵被暗杀。加尔文并未见到这一幕，因为这个事件是在他死后第八年才发生的。当时，在法国贵族当中，有新教徒，也有天主教徒，双方对国家的宗教前途看法不一致，形势越来越紧张，终于演变成这场暗杀事件。正如有人预谋的那样，这场事件在巴黎引燃了一场更大范围的屠杀，数千新教徒被暴民杀害。暴力很快蔓延至整个法国，在接下去的几周内，成千上万人被杀，数以千计的人逃离法国。加尔文对法国的希望就这样遭遇了最为严厉、最为血腥的遏制。

有超过百分之十的法国人是改革宗信徒，有两百万或更多的人在新近建立起来的成百上千的教会中聚会。加尔文主义尤其在贵族中取得极大成功。约有三分之一的贵族归信了改革宗，使这一宗派具有与其实际规模不相称的政治影响力。加尔文长期以来梦想看到一个新教的法国，如今这个梦想变得越来越有可能实现。他为法国的新教教会起草了一份信仰告白，并且尽可能在各个方面支持他们。尽管新教在法国有了极大成长，他们仍然迫切需要鼓励。比如，巴黎有一家教会遭到突然袭击，有一百多人被捕，七人被烧死。加尔文于是给他们写信，坚固他们的信心。他虽身处自由世界，但从来没有像身处象牙塔之中的人那样说话。他在信中多次提及他不久也一定会像他们一样流血。他觉得自己在日内瓦为主殉道是早晚的事："的确，我此时是在战场之外向你们说话，但我离你们不远。我不知道这种状态还能维持多久。谁都看得出来，很快就要轮到我们上战场了。"

与法国的状况不同，加尔文刻意把日内瓦变成传扬福音的国际中心。他给来自欧洲各国的新教政要人物提供建议；训练来到日内瓦的难民，然后让他们回到各自的家乡；差派宣教士去波兰、匈牙利、荷兰、

加尔文创立的学校

意大利乃至南美洲。这一切的发动机舱是加尔文在 1559 年创立的学校和学院。学院从普通教育起步,进而让学生详尽研究神学和圣经各书卷。学生经过完备训练后被按立为牧师,并被差派出去。

　　然而,加尔文却把更多时间花在讲道和教导上。他每周讲三次课,每个主日讲两场道,并且隔周周间每天也讲两场道。对他而言,这就是宗教改革的核心,对路德和茨温利而言也同样如此。他也为圣经几乎每卷书写下注释(大多是把讲章编纂到一起),以帮助别处的传道人。他的注释书不同于当时欧洲人都知道的那种,而是追求"简明易懂"。由于他的"突然归信",加尔文确信上帝只会通过他的话语带给人生命和新生命,因此他宣布这已成为他终其一生工作的本质。

从加尔文到加尔文主义

　　加尔文从未打算创立所谓的"加尔文主义",他很不喜欢这个提法。终其一生,他都只是为他所相信是后使徒时代早期教会的正统信仰而战,而"加尔文主义"这个提法却暗示他创立了一个新思想。然而,历史上的确出现了"加尔文主义"这种东西,其内容会使人误解加尔文本人。结果,在今天的人们看来,加尔文的形象就是痴迷于上帝预定谁得救、谁不得救。

　　有一位荷兰人名叫雅各布·阿明尼乌(Jacobus Arminius)*,他曾在日内瓦的那所学院受训,准备以后作牧师。此时距加尔文逝

雅各布·阿明尼乌

---

* 又译为"阿民念""亚米念""亚米纽斯"等。——编者注

世已有二十多年。这一切问题都是由他而起。

阿明尼乌回到阿姆斯特丹以后,开始教导一些与加尔文很不一样的东西,尤其是关于预定论。他认为,上帝是基于他对人们信仰的预知而预定他们得救(而按加尔文的教导,上帝预定人得救是基于他自己的神圣旨意)。阿明尼乌死于 1609 年,其后他的追随者(阿明尼乌派)整理出一份《抗辩书》,要求荷兰改革宗教会必须接受阿明尼乌的五点核心主张。

1618—1619 年,改革宗神学家在多特(Dordt)召开会议,想要最终处理《抗辩书》。会议对阿明尼乌派的五点主张一一作出回应,提出了《驳抗辩派的五个条款》。把每个条款的第一个字母放到一起,就构成荷兰文"TULIP"*一词:

T　**全然败坏**(Total depravity)。并非是指我们败坏程度到了极致,而是指罪已经影响了我们全人,乃至我们在得救之事上无能为力。

U　**无条件的拣选**(Unconditional election)。上帝无条件地拣选一些人得救,而拣选另一些人承受咒诅。这并不在乎人们内在的任何东西,无论善恶。

L　**限定的赎罪**(Limited atonement)。基督在十字架上并不是为全人类的罪付上赎价,而只是为蒙拣选之人付上赎价。

I　**不可抗拒的恩典**(Irresistible grace)。上帝若定意拯救一个人,那个人就不可能抗拒或拒绝重生。

P　**圣徒永蒙保守**(Perseverance of the saints)。上帝保守真基督徒到底,永远不会让他们从救恩中"失落"。

---

* "tulip"一词意为郁金香,故加尔文主义五要点又称"郁金香五要点"。——译者注

　　从这"加尔文主义五要点"来看，加尔文主义者越来越关心预定论的问题。他们是被迫停下来保护他们以为重要的真理，而这些真理为阿明尼乌派所拒绝。加尔文主义者从未想要以这五要点来总结该派的信仰或加尔文自己的思想。

　　这样说有什么证据吗？1559 年，加尔文完成了《基督教要义》的最终版。该书可谓鸿篇巨制，但在 1536 年初版时还只是介绍新教信仰的小册子。此后，加尔文努力笔耕，至定版时该书已成为解释福音的四道菜盛宴，体现了加尔文思想的丰富与博大。若说加尔文沉迷于预定论，这纯属谎言。《基督教要义》一书中，加尔文在详细论述了上帝、世界、耶稣为我们所做的一切、救恩、祷告等主题后，到了第 920 页(标准版)，才开始论及拣选这个主题。全书共有 1521 页，而讨论拣选的篇幅只有 67 页。显然，他没有狭隘地盯着预定论不放。他的思想博大宏富，试图透过上帝话语的镜片来考察万物。

"直到今天，也没有人知道他的坟墓在哪里"

　　1555 年是加尔文生命中的分水岭，他向前推进宗教改革的能力自此走上坡路，而他的健康却开始走下坡路，并且再也没有恢复。他的工作成效显著，却要求他付出超常的精力，这损害了他原本单薄的身体。他曾坦承："身体的病痛几乎让我无法思考了。"也难怪，在去世几个月前，他写信给他的私人医生说：

　　从前，我没有关节炎的痛苦，不知道结石为何物，不会胃肠绞痛,未受痔疮的折磨,也不会受到咯血的威胁。现在呢,这些疾病都一股脑儿地来攻击我。三日疟刚治愈,小腿肚子又剧烈地疼起来,刚刚好一点,马上又反复发作。最后,这种症状转化成关节痛,从双脚渐而扩散到双膝。痔静脉出现了溃疡,叫我苦不堪言。肠道蛔虫让我又痛又痒,不过这种蛔虫病现在好了。但去年夏天刚过,我又患上了肾结石。我忍受不了马背上的颠簸,就请人用担架抬着我去乡下。回来的时候,我想要走一小段路。可没走上一英里,就觉得肾脏疼痛,不得不停下。上厕所时开始尿血,这让我大吃一惊。一回到家,我就马上躺到床上。因为肾结石,我后腰剧痛无比,用了药也只是稍微好一点。最后,忍痛费了好大力气才排出一块结石,多少减轻了我的痛苦。不过因为结石稍大,刮伤了尿道。结石排出以后,又大量出血。为了止血,只能用注射器往尿道里注射牛奶。注射以后,又有过几次便血。随后肾部没那么疼了,却又压得让人感到有些麻,这就足以证明,肾脏里还有结石。所幸的是,此后还有小块的结石或至少不太大的结石排出来。因为双脚痛风,我只能坐在家里,没有痊愈的指望了。痔疮也令我不能出去骑马消遣。除了这一切的痛苦,我还患有消化不良。无论吃什么,总不能很好消化,它们就像糨糊一样粘在我的胃里。

1564 年,他忍受了近乎十年的病痛结束了。加尔文感到死期将至,于是立下遗嘱,承认道:“我的得救唯独倚靠上帝白白的接纳,除此以外,没有什么可以保护我,也没有什么可以做我得救的避难所。”他无法下床,于是请日内瓦所有的牧师来见他最后一面。他们到来以后,加尔文恳切地说道:“弟兄们,我死之后,你们要继续勤勉工作,不要灰心。”最后,他的身体“衰竭了,好像除了他的精神之外,什么都没有留下”。5 月 27 日,加尔文在病床上离世。他的追随者西奥多·贝扎(Thèodore de Bèze)感受到这一刻的庄重。他描述道："他离世时正值日落,这位众人爱戴的伟人也像日光一样离开了我们。"

　　加尔文不想给后人留下遗迹,也不想成为偶像,因而生前要求把他安葬在普通的墓园里,不留任何标记。不留余香,不立墓碑,这就是典型的加尔文作风。

第 **5** 章
热情如火：不列颠的宗教改革

"一言出口彼伏诛"

无论是路德在维滕堡，还是茨温利在格拉鲁斯，给他们打开真理之门的都是伊拉斯谟编订的希腊文新约圣经。不列颠的宗教改革也是如此。不久后，一位名叫托马斯·比尔尼（Thomas Bilney）的年轻神父在这部新约圣经中读到这句话："基督耶稣降世，为要拯救罪人。"此前，他为自己的罪感到绝望，及至看到了这句话，他说：

> 突然间，我好像在内心里感受到奇妙的安慰与宁静，乃至我被压伤的骨头都要高兴得跳起来了。圣经对我来说开始比蜂房下滴的蜜更甜。我从圣经中学到，我这一切的劳苦、一切的禁食警醒、一切的弥撒和宽恕带给我的一切补救，都没有基督的真理，而只有基督才能把他的百姓从罪中拯救出来。要我说啊，这些东西只是匆忙间快速偏离正路的产物（就像奥古斯丁所说的那样），

除此以外什么也不是。或者换句话说，它们倒更像是用无花果树叶做成的衣服，亚当和夏娃穿着它们四处游走，也是枉然，因为他们无法穿着这样的衣服得到平静与安息，直到他们相信上帝应许说女人的后裔要伤蛇的头。

比尔尼不是路德派信徒（他是独自得出结论的）。1531 年，他因讲道中有改教思想而被烧死。当时在不列颠也有人被宗教改革所吸引，他在其中曾起到很大作用。

同时，路德的书开始大量涌入不列颠，受到约翰·威克里夫的追随者罗拉德派的欢迎。他们此时仍像过去一样积极活跃。当然，路德刚刚被教宗谴责，他的书就在剑桥、牛津和伦敦被焚毁了。然而，他的书越是被烧被禁，就似乎越受人欢迎。的确如此，路德的书通过像伊普斯威奇（Ipswich）这样的港口被偷运进来，刺激了不列颠地下路德派信徒小组的扩展。据说在剑桥有一群大学教师在白马客栈聚会。他们在那里一边大谈路德，一边喝啤酒，大有维滕堡的风格。不久，有人给白马客栈起了个外号，叫"小德国"。

就在这时，在英格兰西部的乡下（准确说来，是在格洛斯特郡〔Gloucestershire〕的小索伯里〔Sodbury〕），一位才华横溢的年轻语言学家开始在他的雇主约翰·沃尔什爵士的家里掀起波澜，他就是威廉·丁道尔。他在那里只是给约翰爵士的孩子上课的家庭教师，却花了很多时间读伊拉斯谟的新约圣经，乃至他在饭桌上的谈话可以让最坚定的天主教徒倒掉胃口。有一位学者实在受不了丁道尔，就脱口

威廉·丁道尔

而出："没有教宗的律法很好，没有上帝的律法岂不更好？"丁道尔回答说："我蔑视教宗和他的一切律法。假如上帝让我活下去，过不了几年，我会让扶犁的小伙子比你更懂圣经。"

丁道尔可不是信口开河，他开始着手把圣经从希腊文和希伯来文翻译成英文。这是他致力一生要完成的工作。他乘船去了趟德国的沃尔姆斯。就是在这座城市，路德曾于五年前在皇帝面前说出"这是我的立场"。丁道尔在这里出版了他的全本新约英译本。在过去的百余年间，约翰·威克里夫的追随者印行并阅读的新约英译本都是手抄本，而且是对拉丁文武加大译本很僵化的直译。他们不可能大量印行那个译本。此外，该译本还有很多从拉丁文带过来的神学问题（比如"悔改"译作"做苦行"）。然而，丁道尔的英译本就可大量印行，然后藏在布匹中偷运回英格兰。不久，新约英译本又附加上一本丁道尔写的小册子，题目是《邪恶玛门的比喻》（*Parable of the Wicked Mammon*）。这本小册子论述了唯独因信称义。更重要的是，丁道尔的新约译本堪称翻译明珠，译文准确优美，引人入胜。

但这些并没有给英格兰的主教们留下深刻印象。在他们看来，丁道尔的书是危险品，因此一经发现，连人带书都要一起焚烧。老实说，主教们的看法倒也没错：丁道尔的译本的确非常危险。在丁道尔的译本中，武加大译本的"做苦行"被译作"悔改"；"神父"只是"长老"，"教会"只是"会众"，"忏悔"只是"承认"，"施舍"成了"爱"。这个译本使当时天主教会所声称的一切都失去了圣经基础。如何得救？做基督徒意味着什么？这类问题的答案如今看来与过去完全不同：从前是注重正式的、外在的圣事，如今是呼召人们从内心深处改变。

天主教会对丁道尔怒不可遏。然而，此时丁道尔已经完成了旧约的大部分翻译，一万六千多本新约圣经也被秘密运到英格兰。当时英格兰至多有二百五十万人口，大多数人不识字。这样看来，一万六千本真是相当大的数量了。丁道尔于 1535 年被捕，次年 10 月在布鲁塞

丁道尔被处决

尔附近被处以绞刑，随后尸身被焚烧。他在殉道前留下了一句不朽的话："主啊，求你开英王的眼睛！"

英格兰王朝：一场肥皂剧

那位"英王"就是亨利八世。无论上帝是否按字面意思垂听了丁道尔的祷告，但亨利八世确实把英格兰从忠诚信奉罗马天主教的国家，转变成人们可以用英语阅读圣经、传讲圣经和讨论圣经的国家。

亨利独断专行，脾气暴虐，精力过人，就像拧紧的发条一样（却不比发条更可预知）。他也是很敬虔的人：在神父主领弥撒时，他会亲自服侍神父（他每天至少参加三次弥撒）。他坚定支持教宗，因而被授予金玫瑰。保护路德的智者腓特烈也曾获得金玫瑰。但亨利却反对路德。1521 年，亨利借助几位代笔之人的帮助，写了一篇反对路德的辩论文章，题为《捍卫七圣事》（*A Defence of the Seven Sacraments*），并把它献给教宗。作为回报，教宗赐给他一个日后成为讽刺的称号："信仰的捍卫者"（Defender of the Faith）。当时，一个地方的主要统治者"都有称号，表明他们对和平君王的忠诚"，这不必大惊小怪。"法兰西斯是'法国最伟大的基督徒国王'，查理是西班牙'最伟大的天主教国王'，亨利被称作'信仰的捍卫者'，至于利奥（教宗），他是'基督的代理'。然而，他们的所作所为却证明这些愿望太过于乐观了。1513 年，亨利与法国交恶，他铸造了十二门炮，每门炮以耶稣十二位使徒之一的名字命名，意即每位使徒将向法国最伟大的基督徒国王开火。"[1] 无论如何，"信仰的捍卫者"很难说会给宗教改革带来光明的希望。

随后亨利又遇到了婚姻问题。十七岁时，亨利被迫与他哥哥的遗孀阿拉贡的凯瑟琳（Catherine of Aragon）成婚。婚后几年，凯瑟琳有过几次流产，也生了几个孩子，但不久都夭亡了。亨利很清楚，凯瑟琳不能给他留下子嗣。凯瑟琳于 1516 年为他生了一个女儿，取名叫玛丽（Mary），但这对亨利来说也好不到哪里去。英格兰刚经历过玫瑰战争，这次战争争夺的就是王位继承权。亨利此时想要一个儿子，以免再次陷入王位继承的危机。可他要想解决这个问题，就要另娶一个妻子，或许她会给他生一个儿子。以亨利当时的处境来说，常见的做法就是找个借口宣布现在的婚姻不合法，婚约自然也就无效了。亨利不费力气就找到了这个借口。《利未记》20：21 写道："人若娶弟兄之妻，这本是污秽的事，羞辱了他的弟兄，二人必无子女。"（亨利自以为是无子女的，这证明他的婚姻是不正当的。）亨利之所以对这节经文这么熟悉，是因为他当初和他哥哥的遗孀结婚时就在纠结这个问题。然而，那时教宗尤利乌斯二世发布了一个特别豁免令，好让亨利不必遵行圣经上的这个禁令。

亨利需要请求新任教宗克莱门七世取消这个豁免令。这就提出了一个大问题：尤利乌斯相信他可以使圣经上的诫命无效，但教宗可否使他前任的豁免令无效？一般来说，教会法律的齿轮是可以抹油的，以迁就像亨利这样的强势国王。但问题出在凯瑟琳那里。她坚持说她的第一次婚姻从来就没有圆房，这就意味着一开始教宗的豁免令就没有必要。她与亨利的婚姻原本就名正言顺，完全合法。换作其他女人，她或许会在这样的重压之下屈服。但凯瑟琳的外甥是神圣罗马帝国的皇帝查理五世，他曾一度包围罗马，并囚禁过克莱门七世。查理不会允许他的姨妈被废黜。教宗本人也断不敢与皇帝过不去，免得皇帝再次来围困罗马。因此，教宗还是不能宣布亨利的尴尬婚姻无效。

亨利可没那么容易知难而退。自从他见到迷人性感又年轻的安妮·博林（Anne Boleyn）之后，他就下定决心要废黜凯瑟琳，娶安妮为后。他先是采取外交手段给教宗施压，然后又给国内的天主教神职人员施压，希望教宗在双重压力下让步。他同时招来一大批学者来证明：（1）他的诉求是正当的；（2）教宗无权干涉他。这一招奏效了，因为他的这些学者做过了头。他们提醒亨利说，亚利马太的约瑟（或许是和耶稣一起）在英格兰的格拉斯顿堡建立了第一处教会。这样说来，英格兰的教会要比由彼得建立的罗马教会更古老。因此，英格兰的教会是独立于罗马的，英格兰教会的头不是教宗，而是国王亨利。这可绝对是意外的收获。

于是，从1532年开始，有几部法律获得通过，以便使英格兰的教会仪规符合这一新发现的事实。英格兰教会越来越独立于教宗，同时也越来越倚赖英格兰国王了。到了1533年，这些法律已经使英格兰获得了足够的独立地位，亨利可以采取行动了。巧合的是，他同时能够安排托马斯·克兰麦（Thomas Cranmer）就任坎特伯雷大主教。克兰麦欣然愿意为亨利和安妮证婚。于是这场婚姻在那一年早些时候秘密举行。亨利如愿以偿。次年（1534年），英格兰议会通过《权利法案》,宣布亨利为"英格兰教会最高元首",英格兰教会遂告彻底独立。

坎特伯雷大主教托马斯·克兰麦

随即,效忠罗马并质疑国王的天主教徒遭到审判,这使人以为这是一场英格兰的新教宗教改革。尤其是有几位遭到审判的人名气很大(亨利的原大法官托马斯·莫尔[Thomas More],还有罗切斯特主教约翰·费希尔[John Fisher]),而他们又不遗余力地反对路德,这就加深了人们先前的印象。然而,英格兰教会是与罗马决裂了,但却不是进行新教改革。自从亨利写了《捍卫七圣事》那篇文章以来,他就和路德笔战不休。路德在确认亨利憎恶改教家之后,立即反对亨利解除与凯瑟琳的婚姻。国王不想与路德派再耗下去,于是清楚地表明他不会抛弃任何天主教教义。他只不过是不承认教宗在英格兰有至高地位而已。

然而,虽然亨利曾利用圣经在解除婚约一事上来反对教宗,他却很难抗拒圣经毕竟比教宗有更高的权柄。此外,那些曾帮助亨利与罗马决裂(并因而得到晋升)的人通常是持新教立场,尽管亨利本人不是。比如,新任坎特伯雷大主教托马斯·克兰麦就是从德国被召回来就任的。他虽然是神父,却在德国路德派统治的地区结了婚。这是他的新教思想渐渐萌芽的迹象。另一个更明显的迹象是,尽管在英格兰神父结婚是非法的,但克兰麦在回英格兰时却带着他的妻子。(当然,他需要把克兰麦夫人隐藏好。据说他为妻子特别做了一个大箱子,箱子上有通气孔,以便赶路的时候她可以藏在箱子里。若途中有人装车时把箱子装倒了,那她可要吃大苦头了!所以有人把她看成宗教改革的小殉道者。)另一位新教关键人物是亨利的首席部长托马斯·克伦威尔（Thomas Cromwell，不要把他和一个世纪以后英格兰护国公奥立弗·克伦威尔［Oliver Cromwell］混为一谈）。国王实际上是把掌管教会的权力交给他了，这一权力从前是教宗享有的（当然也是在亨利的权下）。还有一位就是安娜·博林。她是新教思想积极的倡议者。她引进并分发了大量的新教文字资料，甚至还向她丈夫介绍过一些。当上王后之后，有一些年纪大的主教去世了，她就在亨利身旁吹枕边风，帮助一些新教人士被任命接替那些去世的主教。这样一来，尽管亨利做出的改变并不意味着新教改革，却有越来越多的新教人士身居要职，他们乐意利用亨利的改变来实现新教的目标。

新教徒和天主教徒都明白，国王的宠爱反复无常（由此而来的影响力也一样）。他昨天还宠爱着某个人，今天就有可能突然改变，令人惊惧。对于安妮·博林也是一样。她一成婚便有了身孕，并因而在国王的亲善当中享受了一段特别的蜜月期。然而，她生下的是女孩（伊丽莎白）。这个消息让亨利大为惊恐：和教宗还有教会这么撕来斗去，到头来是为了什么？据说亨利听到这个消息后，竟骑着马离开了格林尼治和安妮，跑到威尔特郡去找一位老侍臣约翰·西摩爵士（Sir

安妮·博林

John Seymour）消愁解闷去了。西摩爵士有一个颇有姿色的女儿叫简（Jane）。西摩一家喜欢给关于安妮的流言蜚语添油加醋。安妮后来有过一次流产，而且流产的是男孩，至此她就在亨利面前彻底失宠了。人们私下里说她不检点，有过几次风流韵事，又说她参与巫术，甚至说她密谋想要毒死宗室成员。这些都是无稽之谈，但对于亨利来说，这就够了。安妮以叛国罪被逮捕砍头。

安妮被处死次日，亨利就和简·西摩订了婚，十天后他们就完婚了。她也像安妮一样，只在一段时间里享受到亨利的宠爱。所不同的是她死于难产。然而，在亨利心目中，简是他真正所爱的唯一一位妻子，真实的原因是简毕竟为他生下了令他朝思暮想的子嗣（爱德华）。

几年来亨利花钱如流水，他的金库也日渐捉襟见肘，于是就开始打起那些修道院的主意来（这些修道院不一定忠于国王，但肯定忠于罗马）。当时，英格兰有好几百所修道院。它们的土地租金加起来收入相当可观，要是能据为己有那就太好了。然而，还是有许多修道院已经衰败了，只靠着一些零散的收入来维持。于是1536年，亨利在他的首席大臣托马斯·克伦威尔的怂恿下，开始着手解散这些修道院（克伦威尔这样做自有他出于新教的动机）。

总的来说，这一举措还是很受欢迎的。此时，百姓已经普遍对神职人员的特权心存怨恨。富人能用难以抗拒的低价买进修道院的地产，何乐而不为呢？许多修士和修女好像也解脱了，有些结婚了，有些接受了退休金，或者去当乡村教堂的神职人员。亨利此举只不过是王室出手打砸抢而已，然而结果却是统治阶级得到了教会财产，从而坚定地支持亨利的改革。这样一来，英格兰再也回不到老式的罗马天主教了。此外，关闭修道院在很大程度上有效地扼杀了天主教的苗床（毫无疑问，这是克伦威尔的意图）。

同时，亨利开始以英格兰教会的解放者自居，沾沾自喜，因为是他把英格兰教会从教宗的束缚下解救出来。"罗马的陋习"——朝圣路线、圣物和圣像这些从前给教会赚钱的东西——都在被毁之列，或者更糟糕，都在被嘲笑之列。比如，肯特郡的博克斯利修道院（Boxley Abbey）有一个大十字架，曾经备受人们尊崇，因为每当有人做出大笔捐赠时，它都会抖动。当修道院被关闭时，人们发现了这个大十字架抖动的秘密。原来它奇妙的抖动，是由一位藏在某处的修士牵动绳子、绳子再拉动杠杆造成的。这个大十字架后来被运往伦敦，等待它的是人们的嘲笑、利斧和火堆。

当有除草剂被撒到古老的天主教苗床上时，也有肥料被撒到新生的饥渴的新教运动的土壤中。1538年，国王下达一道命令："不要禁止任何人读圣经或听圣经，反而要明确地激发、唤起或劝说每个人读圣经，因为圣经就是上帝活泼的真道。"仅仅两年前，丁道尔在殉道前呼喊道："主啊，求你开英王的眼睛！"如今，丁道尔的祷告蒙垂听了。此外，国王还命令要在每个教堂放置一本英文圣经。当然，因循守旧的天主教徒大感诧异：从前还是因犯罪而被烧死的人，如今他们的罪行却突然被称为善举。诺福克的公爵对此嗤之以鼻："我从未读过圣经，以后也不会读。新学未来到之前，住在英格兰真是快乐的事。是啊！我愿一切都像过去那样才好。"然而，整体说来，新颁布的法律受到民众热烈欢迎。有六本圣经刚刚被放在圣保罗大教堂里，人们就蜂拥而至，围在那些大声朗读圣经的人周围。大家都异常兴奋，乃至神父抱怨说在讲道时，平信徒还在彼此宣读圣经。个人在家读圣经成了人们日常生活中越来越普遍的特征，就连不识字的人也想要识字了，为的是能够读懂"上帝活泼的真道"。这种态势一旦形成，就很难逆转了。如今，卖肉的和烤面包的都在讨论圣经，从中得到新的信念，甚至还敢于不同意神职人员的说法。教会不能再自以为是而不受挑战了。人们手里有圣经了，就想要知道神父的想法有何根据。

然而，在亨利统治期间，从天主教到新教的转变并非一帆风顺。亨利在神学方面的好恶大起大落，就像他对待妻子的态度一样。简·西摩死后，克伦威尔努力为亨利找来一位名叫克利夫斯的安娜（Anne of Cleves）的路德派的公主。他们订了婚，却还没有见面。及至亨利在结婚前不久最终见到她时，他大失所望，称她为"佛兰德斯的母马"，就算婚礼还是会按期举行，他也定意不会和她圆房。后来，婚约很快就取消了。克伦威尔为此丢了脑袋。虔信天主教的霍华德一家看准时机，把家里的掌上明珠凯瑟琳给了亨利。亨利娶了她，但这桩婚事却是一场灾难。凯瑟琳接受不了丈夫比自己大三十来岁，被发现有外遇，旋即被带到伦敦塔处死，步了安妮·博林的后尘。亨利最后娶了有改革思想的凯瑟琳·帕尔（Catherine Parr）。在亨利的众多妻子中，只有这位凯瑟琳在她丈夫死时仍活着。

温莎*的多位妻子

1509—1533 年	阿拉贡的凯瑟琳（被废黜），生玛丽一世
1533—1536 年	安妮·博林（被处死），生伊丽莎白一世
1536—1537 年	简·西摩（因产难而死），生爱德华六世
1540 年	克利夫斯的安娜（婚约被解除）
1540—1542 年	凯瑟琳·霍华德（被处死）
1543—1547 年	凯瑟琳·帕尔（亨利死时她仍活着）

亨利的立法既支持了天主教，也反对了天主教，对新教也是一样。英格兰北部爆发了一场抵制新教的暴动。这次暴动虽被残酷镇压，却也向亨利敲响了警钟，提醒他与传统旧秩序为敌是危险的。此后，亨利宣布，对于那些否认诸如圣餐变体说和神父当守独身这类传统信念的人，要施以严厉惩罚（毫无疑问，这使克兰麦夫妇相当紧张）。普遍阅读圣经带来的混乱，也促使亨利在 1543 年禁止未经授权在公开场合解释圣经。他也禁止未受教育的人在家里读圣经。三年后，所有未经授权就将圣经译为英文的做法都被定为非法。

1540 年 7 月 30 日，发生了一件事，让人们清楚看到亨利的宗教观念是何等混乱不堪。在这一天，他处决了六个人。有三位天主教徒以叛国罪被处以绞刑，因为他们否认亨利在英格兰教会有至高无上的地

---

* 温莎（Windsor）是英格兰王室住所温莎堡（Windsor Castle）的所在地，这里代指亨利八世。——译者注

位。有三位新教徒因异端罪被烧死。亨利此举赤裸裸地表明，他既不想让英格兰成为新教的英格兰，也不想让它成为**罗马**天主教的英格兰。他想要的是一种**英格兰**天主教，一种与罗马没有关联，也没有罗马教会的腐败的天主教。但问题是，到底什么是罗马的（因而可以被丢进垃圾箱）？什么是天主教的（因而该被保持下去）？亨利本人就经历了这两者之间的张力：他开始关闭教堂里的祈祷室（神父为炼狱中的灵魂祈祷的地方），却在遗嘱中列明要人为他的灵魂祈祷，以防万一。亨利面对的另外一个问题是，一旦曾经允许用圣经来批评教宗和教会，允许普通人读圣经，哪怕只是短短的几年，等到他想叫停的时候，就为时已晚了。亨利完全是在无意之间发动起一阵旋风，此后就再也没有人能将它压住了。

英格兰的约西亚王

亨利有点不太明智，居然让凯瑟琳·帕尔来负责爱德华王子和伊丽莎白公主的教育，并且当时为他们找的最好的家庭教师都倾向新教。因此，爱德华王子和伊丽莎白公主都成了坚定不移的新教徒。1547年，亨利去世，他儿子继位为爱德华六世。英格兰于是稳步进入真正的宗教改革。克兰麦大喜过望，他终于能让他的妻子从木箱里出来了，也可以着手推广纯粹的新教信仰了。

爱德华登基时只有九岁，由他的叔叔萨默塞特的公爵（Duke of Somerset）爱德华·西摩摄政。他和克兰麦一起开始推进新教改革。（爱德华虽然年少，但也不是等闲之辈。他既厌恶天主教，轻蔑地称之为"教宗之流弊"［papistry］，也厌恶明显经过深思熟虑的新教信念。）在开始的两三年里，西摩和克兰麦行事温和谨慎，意在使英格兰渐渐适应新教，而不至于造成不必要的混乱。

尽管如此，还是出现了很多改变：亨利为反对新教信仰而制订的法律被推翻了，圣职人员可以结婚，百姓也能在圣餐中领受饼和杯。祈祷室被废止，因为它们是基于炼狱这一观念。炼狱说让人不再信靠"他们是通过耶稣基督的死而得到真正完全的救恩"。圣徒的圣像被从教堂移除，圣坛（在弥撒中把基督再次献为祭物的地方）换成桌子（家人坐在一起吃饭的地方）。为保证每一处教堂的主日崇拜都是用英语进行，并且主日崇拜的内容都是新教的，于是有人用英文写出了祷告书（《公祷书》）。讲道必须要用英语。许多传道人开始变得家喻户晓，比如休·拉蒂默（Hugh Latimer）。对于那些不太会预备讲章的教职人员，有人为他们写出新式的讲章集（供他们朗读的现成讲章），清楚解释唯独因信称义的教义。若有人想被按立为牧师，他就要知道，人们对他的期望也与从前大不一样：成为牧师并不是成为（在弥

休·拉蒂默向热衷于听道的爱德华六世讲道

撒中)献祭的神父,而主要是成为会讲道的传道人。凡被按立为牧师的,不是要给他穿上神父的仪袍,而是要给他圣经。

有些人觉得这一切做得过头了。1549 年,英格兰西南部爆发了一场民众暴动,抗议使用英文写的祷告书(这些反叛分子热切地想要用拉丁语主领崇拜,尽管他们根本就听不懂拉丁语,这让克兰麦感到失望)。然而,就在这一年,约翰·达德利(John Dudley)接替了克兰麦的工作。他以更为坚定的步伐加快宗教改革的进程。与此同时,在欧洲大陆,神圣罗马帝国的军队战无不胜,许多改教家纷纷逃离大陆,来到英格兰避难。来自斯特拉斯堡的马丁·布塞担任剑桥大学的皇家道学教授,他来得正是时候。是他帮助克兰麦起草了祷告书。之后,由担任牛津大学皇家道学教授的彼得·马特·菲密格理(Peter Martyr Vermigli)在此基础上加以改写。

克兰麦的两本祷告书(1549 年版和 1552 年版)是很好的窗口,借此我们可以看到英格兰宗教改革走过的道路。1549 年版的祷告书刻意按照过渡期的改教神学写成,容易消化,是为那将来的干粮预备胃口。不管怎么说,它并未谈及变体说和弥撒献祭的敏感问题。若不是用英文写成,天主教徒还不至于认为其中的内容听起来刺耳。在论及领受饼时,祷告书写道:"这是主耶稣基督的身体,为你而舍,为保守你的身体和灵魂,直到永生。"这全是路德派的措词,但天主教徒在按它领受饼时,也不会良心不安。

然而,在所有流亡到英格兰的神学家中并没有路德宗人士(我们今天仍可感受到这一点,在英格兰新教教会中,一直是茨温利和加尔文的思想占主导,而完全没有路德宗的味道)。当菲密格理等人来到英格兰时,他们不喜欢 1549 年版的祷告书的路德宗色彩,而是想要让祷告书更有瑞士色彩。他们做到了。我们不知道到底是克兰麦刻意为之,还是他自己的神学观念改变了,总之,按照 1552 年版的祷告书,在圣餐分发饼时的措词如下:"拿起这饼来吃,为的是记念基督为你而死(听起来是茨温利的思想)，带着感恩的心凭信心来领受他(听起来是加尔文的思想)。"对此，没有任何一位天主教徒能接受。英格兰的宗教改革又向前跨了一步。

　　1553 年，年仅十五岁的爱德华去世。风驰电掣般的新教改革列车戛然而止。爱德华早就知道，他将不久于人世。他也知道，在他死后，他那位虔信天主教的同父异母姐姐玛丽会登基作王。那样的话，现已取得的宗教改革成果将会毁于一旦。于是，爱德华在危难之际帮助策划了一个计谋。达德利要保证让坚定信奉新教的简·格雷夫人(Lady Jane Grey)抢在玛丽之前继任英格兰女王。格雷夫人是玛丽的堂姊妹，在王族世系中，除了亨利的子女以外，格雷夫人最有权继承王位。于是，爱德华刚刚去世，简就在伦敦被宣布为英格兰女王，但没有成功。玛丽旋即获得支持进入伦敦，把简送入伦敦塔听候处决。大多数人并不关心新国王是否新教徒，他们更关心其是否为合法的王位继承人，这是爱德华等人在策划计谋时所忽视的。甚至在新教徒当中，也有人支持玛丽。他们当时或许高兴无比，完全没有料到玛丽登基后会如何残酷地对待他们。

血腥玛丽：令人厌恶的鸡尾酒

　　玛丽是阿拉贡的凯瑟琳所生的女儿。毫无疑问，她是在亨利的罗马天主教的宫廷中长大的公主。亨利在废黜凯瑟琳并与罗马决裂时，她一夜之间成了亨利的非婚生女儿，被迫改变信仰。可在玛丽看来，新教不仅仅是异端，更是她一切灾难的肇因。

　　她刚一登基，就迫不及待地让英格兰回到罗马的怀抱。新教主教被革职。托马斯·克兰麦不再担任坎特伯雷大主教，接替他的是波尔

(Pole)枢机主教。圣经被从教堂中撤掉。已婚的神职人员被迫与妻子分离。整个国家的时钟被拨回到她父亲做出改变之前的时间点上，就好像亨利与凯瑟琳之间的那场令人不快的事件未曾发生似的。英格兰在各个方面似乎也乐观其成。当然，英格兰也爆发了几起反对新秩序的暴乱，但也有许多人似乎颇感宽慰。在爱德华统治期间，他曾想清除各种天主教教堂里的物件（圣像、神父的礼服等等），如今，那些被天主教徒藏起来的物件又重新出现了。显然，并不是所有人都欢迎爱德华的改革。

说是这样说，但想要把二十年的历史一笔勾销也不可能。有很多东西不可能再恢复到从前的样子了。所有那些修道院和修道院的庄园无法收回土地。从修道院购得土地的人或许会愿意去望弥撒，但却不愿意把土地归还给修道院。此外，有人已经读过圣经，听过用英语讲道，要把他们当作没读过圣经、没听过用英语讲道的人来统治，为时已晚。人们开始质疑传统的教导，即使他们不是信心坚定的新教徒，也不会花钱去朝圣，或参加可能没什么用处的宗教活动。他们的疑惑就算不是根据圣经，也很难再让他们尊崇圣像了，因为他们明白了博克斯利大十字架的真相。

玛丽最大的问题是，她若没有继承人，这一切都是无效的。她需要有个孩子。她需要找一位丈夫。这位丈夫会是谁呢？她选择了未来的西班牙国王菲利普二世。这不是真正明智的选择。菲利普是新教不共戴天的仇敌。英格兰人或可宽容玛丽作为天主教徒对新教采取的压制，可关于西班牙宗教裁判所的可怕传闻却令他们心存忧惧。

果然，他们最害怕的事发生了。许多新教徒看到局势不妙，就逃到国外——像加尔文所在的日内瓦这样的地方避难。也有人决定留下来，低调行事，秘密分发官方所谓的"下流书籍"，组成地下聚会（通常规模很大）。留在英格兰的那些人若不低调行事，就会被烧死。在玛丽统治期间，有三百名新教徒因信仰被烧死，还有许多人死在监狱，这与爱德华统治期间形成鲜明对比。在 20 世纪的奥斯维辛集中营，死几百人似乎算不得什么。可在 16 世纪，有几百人被杀就算是真正恐怖的大屠杀了。

在牛津殉道的先驱

许多著名人士死于玛丽的暴政。其中有年纪老迈的坎特伯雷大主教托马斯·克兰麦，著名的布道家伍斯特（Worcester）的主教休·拉蒂默，伦敦主教尼古拉·里德利（Nicholas Ridley）。1555 年，里德利和拉蒂默在牛津宽街的尽头被一起烧死，死的时候他们背对着背。拉蒂默当时已是八十岁高龄，他死在里德利之先。他在火焰中呼喊道："里德利，愿你大得安慰，要做个男子汉。我们今天在英格兰点燃了蜡烛，凭着上帝的恩典，我相信这蜡烛永远不会被熄灭。"令人心痛的是，里德利周围的木柴摆放不当，致使他的双腿已经被烧掉了，上身还没着火。这惨烈的景象令在场围观的几百人落泪。

五个月后，托马斯·克兰麦在同一地点被烧死。这位七十岁的老主教，英格兰宗教改革的主要设计师，曾在极端的威逼利诱下否认新教信仰。这本来是玛丽暴政的胜利。然而，尽管他否认信仰，玛丽当局还是决定要把他烧死，因为他是英格兰宗教改革的化身。这个决定使玛丽的胜利化为乌有。到了行刑的那一天，克兰麦拒绝朗读他放弃信仰的声明，而是勇敢地表明，他尽管懦弱，尽管放弃过原则，但他仍是新教徒。他最后宣告说："我的这只手犯罪了，写下了违心的字，那就让这只手先受惩罚吧。"他说到做到。大火点燃以后，他把那只签名放弃信仰的手伸进火中，让它先燃起来。克兰麦虽在短时间内否认过信仰，但最终被烧死时却是那样勇敢。就这样，第一位新教的坎特伯雷大主教为主殉道了。

　　有这么多人殉道，而且他们那种毫不动摇的勇气出乎人们意料，加上玛丽的统治暴虐无道，民众见此不会无动于衷。大火灼烧着殉道者的身躯，也烧灼着英格兰人的良心，让民众联想到罗马的暴政。玛丽与西班牙王室联姻，又让这些殉道者看起来像是英格兰的爱国者。玛丽意识到这种不良影响，于是决定在烧死异端分子时避开公众视线，但为时已晚。

　　玛丽若生下孩子，英格兰就可能成为正式信奉天主教的国家。然而，玛丽自以为有了朝思暮想的身孕，后来却发现是胃癌。1558 年 11 月 17 日，玛丽驾崩。几个小时以后，她任命的坎特伯雷大主教波尔也死了。"血腥"玛丽用焚烧新教徒、与西班牙联姻、与罗马联合等方法调和起来的这杯鸡尾酒，终于让英格兰人厌烦了天主教，她想方设法再次把天主教强加给英格兰的企图遂告终结。同时，流亡在外的英格兰人看到英格兰的时局已变，便以更大的热心纷纷回归故土，扫清玛

托马斯·克兰麦被烧死

丽留下的余烬。玛丽死了，反天主教的新教形成回归的狂潮，拍打着英格兰的海岸。

"这是耶和华所作的，在我们眼中看为希奇"

玛丽死后，年轻的公主伊丽莎白继任为女王。据说伊丽莎白用《诗篇》118：23 这节经文来庆祝这个消息。她奇迹般地在大屠杀中活了下来，英格兰又回归新教。

亨利的小女儿伊丽莎白更像是枯树上长出的一条新枝。她性情专横，精力充沛得出奇，思维敏捷，随机应变，又有足够的政治谋略，使她在玛丽统治期间不出差错，幸存下来。谁都知道她的身份，也知道她会再次引入新教。她母亲是安妮·博林，而亨利就是因为安妮的缘故才与罗马决裂。由于罗马不承认亨利与安妮的婚姻，伊丽莎白自然也就被看作私生女，因而不能继位为女王。伊丽莎白只能走新教的道路，此外别无选择。而她本人实际上也是信仰坚定的新教徒。

伊丽莎白登基不到一年，就废除了玛丽针对宗教的那套改革。新颁布的《最高权力法案》宣布伊丽莎白为英格兰教会的"至高管家"（亨利曾是"至高元首"，把"至高管家"这个新头衔给伊丽莎白，是为了避免引起天主教徒的不满，而在新教徒当中，也有人不相信女人可以做"元首"），这一次，掌控英格兰教会的还是君主，不是教宗。

此外，英格兰教会发布了新版祷告书。该书独特的神学表明了当时宗教改革所处的状态。大致说来，1559 年版的祷告书与克兰麦1552 年编纂的第二版差别不大。比如，这一版没有为从教宗、从他的"暴政"和"可憎的大恶"当中得拯救而祷告的内容。圣餐时分发饼所说的话更说明问题。在 1559 年版中，这段话变为："这是主耶稣基督的身体，为你而舍，为保守你的身体和灵魂，直到永生（取自 1549 年版）。拿起这饼来吃，为的是记念基督为你而死，借着信心以感恩的心领受（取自 1552 年版）。"换句话说，新版祷告书是在路德宗和瑞士新教之间做了折中处理。

伊丽莎白即将立法推动的正是这样一种新教，一种大胆而又明白无误的新教（"折中"一词并不含有半天主教的意思），既不是这一个牌子的新教，也不是另一个牌子的新教。如果说亨利建立的是一种极具英格兰特色的（相对于罗马）天主教的话，那么，伊丽莎白建立的就是一种极具英格兰特色的（尤其是相对于路德宗或加尔文主义）新教。在伊丽莎白的统治下，英格兰即将成为一个合一的新教国家。这就意味着每个人都要去教会，摆在每个人面前的都是同样不特指是哪一种新教。他们甚至不必同意它。比如，天主教徒可以不领圣餐，他们可以私下相信他们想要相信的任何东西。他们只要来教会，在形式上与教会保持一致就好了（否则就要付出高额罚款）。正如当时有人所写的那样，伊利莎白并不关心"为人的灵魂打开窗口"，她只关心让整个国家团结在她以及她的信仰之下。

然而，如果把伊丽莎白看作一位对神学不感兴趣的精明政客，那就错了。她本人是有着坚定信仰的新教徒。她每天都读希腊文新约圣经，也定期读英文本圣经，并且用英语祷告。在她刚继任女王的时候，有一位主教在她的私人教堂主领圣餐。当他举起饼时（这是天主教的风格，意在让人敬拜饼），伊利莎白气愤地冲出教堂，随后下令禁止在她的加冕礼上做出这种举动。在国会第一次开幕致辞上，她让一位新教牧师讲道，并且秘密资助流亡海外的新教徒（担心爆发战争）。

知道了伊丽莎白的个人信仰，改教家们彼此心领神会，都很高兴。温和的新教呼之欲出，似成定局。当然这还只是个开端，他们还要在宗教改革的道路上慢慢前行。等到大家渐渐明白，伊丽莎白女王把这件事看成是她个人可予定夺的事宜，不免大为惊异。当时，有些人从日内瓦回来，他们对于如何进一步改革教会有着超前的想法。对于这样的人，伊丽莎白不想多浪费时间。她坚定地想要英格兰走向新教，但也同样坚定地相信，此时还不是推行新教理想的时候。她担心英格兰如果太过极端，欧洲大陆反新教的情绪就会超过沸点，那样一来，英格兰的安全就会受到威胁。西班牙和法国有可能会入侵英格兰。

伊丽莎白一世的现代素描，尼古拉斯·希利亚德(Nicholas Hilliard)作

有一段时间，所有人都在观望等待。伊丽莎白毕竟是女人，她若结婚，情况就会有变数。她若不结婚，就没有继承人，情况同样会有变数。过了十年，人们清楚了，她不会结婚，也不会作出改变。于是，1570 年，教宗先发制人，革除了伊丽莎白的教籍，正式宣布剥夺她的王位，并且呼吁英格兰的天主教徒不要服从她。这项措施相当糟糕。在此之前，天主教是被宽容的，如今信仰天主教就等同于叛国。由于英格兰再也培训不出罗马天主教神父，能够满足英格兰天主教徒属灵需要的那些神父，就只能是那些在国外受训，然后回到英格兰秘密服侍他们的人，而且数量奇少。这样的神父都是偷偷溜过边境，他们被看作危险的境外敌对势力。毕竟，他们若忠于教宗，就一定会煽动人叛国。有些富有的天主教徒偷偷把神父藏在人迹罕至的乡下房屋的地洞里。就这样，信仰天主教成了不可告人的勾当。

这种偷偷摸摸的行径通常会增加人们的怀疑。没过几年，英格兰人对于"藏在床底下的天主教徒"越来越感到恐惧。不只是教宗，所有天主教的反宗教改革势力开始一起反对欧洲这个唯一合一的新教国家了。如果伊丽莎白的新教政权被推翻，新教就会面临致命一击。

明显的举动就是刺杀。一旦伊丽莎白死了，那么按照英格兰的王族世系，继任她作英格兰女王的自然就是她的堂姊妹苏格兰的玛丽女王，而这位玛丽女王是忠于罗马的天主教徒。玛丽于是成了反对伊丽莎白的阴谋中心。然而，反对派找到的这位傀儡极其无能。伊丽莎白是精明强干的化身，而玛丽却与精明强干毫不沾边。玛丽已经使得苏格兰所有人与自己疏离，从而不得不到英格兰来避难。在她看来这不会有任何问题：伊丽莎白是她的堂姊妹，肯定会关照她。当伊丽莎白得知刺杀阴谋的福星居然是玛丽之后，她不动声色。她叫人谨慎地把玛丽带到乡下软禁起来。此时，整个局面出现了翻转。伊丽莎白议会中的一些新教徒，发现玛丽有一个名叫詹姆斯的儿子。此时，他正在苏格兰，抚养他的人信奉加尔文主义。这样一来，玛丽倒是一个需要除掉的障碍。如果玛丽先于伊丽莎白而死，王冠自然就会落到信奉新教的詹姆斯王子头上。这样就万事大吉了。随后，伊丽莎白的一位官员找到了铁证，证明玛丽因被软禁而对伊丽莎白心怀怨恨，而且也实际参与了刺杀伊丽莎白的阴谋。至此玛丽东窗事发，于 1587 年被处决。

王冠将来肯定会落到新教徒头上。王冠安全了，但国家却不安全。次年，"血腥"玛丽的鳏夫西班牙国王菲利普二世率军大举入侵英格兰。教宗高兴地祝福了这次入侵行动，称之为一次十字军战争。菲利普强大的海军舰队驶入英吉利海峡。假如说此前英格兰国民尚未团结的话，菲利普让他们团结起来了。凶猛的风暴帮助了英格兰，西班牙舰队被击溃了。英格兰举国上下清楚地看到：上帝拯救了他的百姓（新教徒），审判了邪恶之人（天主教徒）。为了纪念这场胜利，英格兰人打造了一枚纪念章，上面刻着这样的字样：*Afflavit Deus et dissipantur*（"上帝吹风，他们就四散"），语出《出埃及记》15：10。在英格兰人看来，这次胜利就像上帝拯救了以色列，使他们脱离埃及军队的追击一样。显然，上帝向伊丽莎白的新教展露笑脸了。伊丽莎白清楚地认识到，上帝的心意是她不需要在改革之路上走得更远，她的一些臣下也如此认为。

到了伊丽莎白统治的最后一年（1603 年），毫无疑问，成为英格兰人就是做新教徒。而天主教徒就是境外势力的工具，不可信任。对童贞女伊丽莎白女王的崇拜取代了对童贞女马利亚的崇拜。变化真是太大了！1560 年，加尔文主义的日内瓦圣经出版了。这个版本有许多注释。当读者遇到难懂的词汇时，就会有注释文字加以解释。比如"敌基督"这个词，注释文字解释道："即教宗以及整个受他支配的污秽团体。"那时，只有信仰特别坚定的人才持这一观点。到了 1603 年，谁都知道教宗就是敌基督。

伊丽莎白在位的四十五年（1558—1603 年），其实是对天主教的消耗战。在她刚登基的时候，谁也不曾料想会是这种结果。随着时间的推移，天主教的那套做法被废弃了。按照老方法培训出的神父渐渐绝迹。人们每个主日听到的是克兰麦编纂的祷告书和讲道集。不久，牧师能接触到的神学书籍都是新教的。人们所知道的圣经都是英文的。就是最为边远的乡村，也逐渐有人拥有圣经，有人懂得圣经。伊丽莎白的长期统治能够确保这个国家信奉新教，却无法确保百姓成为名符其实的福音派信徒。

国境以北

在苏格兰，事态的发展总是不同。然而苏格兰的宗教改革却是以同样的模式开始的。当路德宗的书籍被偷运到英格兰，并且在剑桥有人阅读讨论时，这些书籍也被带进了苏格兰。在圣安德鲁斯市（St Andrews），有人在如饥似渴地阅读这些书。有些人归信了福音派信仰，开始传讲这些新教义，就像在英格兰一样。然而这一切并未带来多大影响。1528 年，帕特里克·汉密尔顿（Patrick Hamilton）在圣安德鲁斯市被捕，随后被以异端罪烧死。至此，福音派信仰才在苏格兰受到人们关注。人们不禁要问，这个新教导是什么？为什么它是如此危险？为什么有人会为它而死？

与当时的英格兰不同的是，苏格兰国王（当时是詹姆斯五世）已经几乎完全掌控了这个国家的教会。因此，他就不必像亨利八世那样，非要与罗马决裂不可。那样做他能得到什么呢？对于摆脱罗马，这位苏格兰国王没有兴趣。

1542 年，詹姆斯驾崩，为苏格兰宗教改革带来了机会。此时，合法的君主是女王玛丽。可她当时还只是个婴儿，由阿伦伯爵（Earl of Arran）詹姆斯·汉密尔顿（James Hamilton）摄政。第二年，出现了一件奇怪的事，即"阿伦的敬虔过渡期"（Arran's godly fit）。阿伦本人真是个奇人，他可以在天主教和新教之间自由转换。那一年适逢他是新教徒。结果，他在那一年颁布了有利于新教的法律，批准印行用本国语翻译的圣经（而且卖得很好），委任一些人作新教传道人。圣安德鲁斯市的枢机主教大卫·比顿（David Beaton）甚至被捕了。

随后比顿带头反击。一年之后，阿伦又决定当天主教徒了。阅读用本国语翻译的圣经又被定为非法。这一次，轮到新教传道人乔治·威沙特（George Wishart）被捕，审讯之后被当作异端分子烧死。大家都看出，这是个好兆头，预示着美好的旧时光又回来了。

然而，苏格兰新教徒可不是那种任人宰割之辈。一伙人化装潜入圣安德鲁斯城堡，杀死了比顿，把他的尸体挂在窗口。他们进而占领了整个城堡。次年，这座城堡成了苏格兰新教徒的修整之地。直到苏格兰政府请来法国军队，炮轰城堡，新教徒才投降。

大多数战败的防卫者被迫在法国的舰船上当划桨的奴隶。法国人用铁链把他们锁在木凳上，让他们整天划船，若有怠慢，就会遭鞭打。这些人中有一个名叫约翰·诺克斯(John Knox)。他曾任威沙特的持刀护卫，还曾在城堡里作过传道人。和他同作奴隶的人都知道他的神学思想。他的第一篇讲道清楚地讲明，教宗就是巴比伦的大淫妇。如今，在这艘船上，他们见识了他的勇气。法国人在船上举行弥撒的时候，威胁奴隶中若有人对弥撒不敬，或对圣母马利亚不敬，就会被施以酷刑。诺克斯拒绝法国人的要求，法国人就强行把圣母像压在他脸上，要他亲吻。诺克斯竟抓过圣母像扔进海里。此后，法国人不再逼他了。在船上过了将近两年的悲惨生活之后，诺克斯被释放了。

约翰·诺克斯

　　诺克斯在英格兰住了一段时间，试图推动克兰麦加快宗教改革。"血腥"玛丽登基后，他逃到日内瓦。在诺克斯看来，日内瓦简直就是乐园，是"使徒时代以来地上最完美的基督的学校"。他梦想故国苏格兰也能变成这样。在接下来的几年里，他游历过一些地方，甚至还曾回到苏格兰暂住，受到苏格兰新教徒的热烈欢迎。其实，等他这次回到苏格兰的时候，那里的新教徒人数已经增长了不少，并且开始把诺克斯看作流亡在外的带领人。但他大部分时间还是住在日内瓦，密切关注着不列颠的时局，心中的愤怒也与日俱增。

　　1558 年，他终于按捺不住心中的怒火，旋即奋笔疾书，写下了《反对女人丑恶执政的第一声号角》(The First Blast of the Trumpet Against the Monstrous Regiment of Women)一文。所谓女人"执政"，指的是两位信奉天主教的女王：苏格兰女王玛丽和英格兰的"血腥"玛丽。诺克斯认为，英格兰之所以会发生如此恐怖之事，根本原因就在于女人执政。他认为这是"丑恶的"事实。执政本该是男人的事。巧合的是，这篇文章发表后不久，"血腥"玛丽就死了，这样诺克斯又可以自由地返回英格兰了。然而，伊丽莎白决不会让《第一声号角》的作者留在她统治的领地上。诺克斯写这篇文章的时候，或许根本就没想到伊丽莎白。尽管如此，伊丽莎白还是觉得很受侮辱，一直没有原谅他。从那以后，她一直对来自日内瓦的事物心存疑忌。

第二年，也就是 1559 年，诺克斯终于回到苏格兰。他讲的几场道如同火山，一下子挑旺了新教徒心中的烈火（也挑起了几场暴动）。他被宣布为反叛者。很快就有些新教的贵族和平民组成了颇有势力的团体，随时准备保护诺克斯，并且为新教而战。同时，人们开始把天主教和境外势力相提并论。苏格兰女王玛丽本人拥有太多的法国成分：她在法国长大，如今仍住在法国，和法国人结婚。她的母亲是法国人（她从阿伦手中夺取了摄政王的权力）。许多苏格兰人觉得很不舒服，因为看起来苏格兰就要变成法国的一个省了。这样一来，苏格兰人的爱国情怀就和苏格兰新教融合到一起，誓要摆脱信奉天主教的法国人。

当然，这一切在伊丽莎白听来，就像是音乐一样悦耳。位于英格兰北面的苏格兰要是能成为信奉新教的国家，那就太好了！否则，英格兰就会北有天主教的苏格兰，南有天主教的法国，一旦有事，就会腹背受敌。伊利莎白于是决定向苏格兰派兵，帮助那里的新教徒早日实现这一目标。英军一出现，就足以令苏格兰的局势出现逆转。1560 年，苏格兰议会终于颁布法令，宣布教宗在苏格兰没有任何权柄，教会的一切教义和实践都必须符合由约翰·诺克斯新制定的信仰告白（即《苏格兰人信仰告白》[the Scots Confession]）。苏格兰女王很有可能会不高兴，但她仍在法国，等她一年后从法国回来时，木已成舟，她也不得不接受。就这样，苏格兰成为信奉加尔文主义的国家。

　　这真是一个奇异的转身。1558 年，英格兰和苏格兰都是天主教国家，1560 年，两者都变为新教国家。英格兰在成为新教国家以后，还需要更长时间，才能让新教信仰深入民间，成为国民的个人信仰。在苏格兰也是一样。比如，在 1561 年的复活节，爱丁堡有不到十分之一的人愿意领受加尔文主义的圣餐。他们并非特别怀念弥撒，而是还不明白这全新的神学。他们需要受过培训的传道人和新教的祷告书，然后才能从内心深处信奉新教。

政治与神学

　　英格兰和苏格兰的改革大不一样，二者与维滕堡、苏黎世和日内瓦的改革也不一样，这或许最能说明问题了。简单说来，由神学驱动的改革和由政治驱动的改革截然不同。对于英格兰的历任君主来说，政治上的考量是核心，而路德、茨温利和加尔文就不是这样。我们在英格兰和苏格兰的改革差别中也可看到这一点。在英格兰，改革在很大程度上是自上而下的，是由君主驱动的（改教家也利用君主的推动力量）。而在苏格兰，改革更多是自下而上的，是民众的诉求，而不管君主作出怎样的选择。

　　总之，这种差别证明，宗教改革就其核心来说是关乎教义的。宗教改革不是披着神学外衣进行政治、社会或道德上的改革。宗教改革在其最深层次上是在解决一整套神学问题："到底什么是福音？""我们是怎么知道的？""救恩是什么？怎样才能得救？""谁才是上帝的百姓？""到底什么是教会？"我们轻易就能看出马丁·路德和亨利八世之间的差别，这个事实本身就说明了一切。利用宗教改革来达成政治上

的目的也极有可能（就像亨利所做的那样），但宗教改革本身却是一场
神学上的革命（就像路德所表明的那样）。

注释：

1. R. Bainton，*Erasmus of Christendom*（William Collins Sons & Co.，1969），
   p. 153.

第 6 章

对宗教改革的再改革：清教徒

谁是清教徒?

一直以来，"清教徒"(puritan)一词更多是一种武器，而不是对某一类人的描述。对于绝大多数人而言，它就是一摊污泥，一经甩出去，就让被打中的人看起来像是可笑的、面无表情的、充满酸腐气的假道学先生。可对于一小部分人而言，这个词是该被炫耀的，它描述的是一个金光闪闪的合一群体，有着毫无瑕疵的神学和属灵资质。

伊丽莎白继任英格兰女王之后不久，就有人创造出一个侮辱人的词语："清教徒"。对于普通的英格兰人来说，一方面有信奉天主教的"教宗追随者"，另一方面有"恪守教规之人"或清教徒。后者让人想起那种鸡蛋里挑骨头、自以为是的人。他们都是一些自认为比别人更纯洁的人。这当然是不公正的描述。被描述成"清教徒"的人从来不曾把自己看成是纯洁的人(他们自认为离纯洁还远得很，常常在见证中说自己是满身罪污)。同时，它也不是一个精确的描述。被认为是清教徒的人彼此也有差别，而且常常是有鲜明的差别。他们对于十字架的意义，以及到底怎样才能得救，未必意见一致。诗人约翰·弥尔顿（John Milton）无疑是一位清教徒，可他甚至不相信所有基督教信条所明确界定的三位一体教义。

那么，到底谁是清教徒呢？约翰·弥尔顿说得最好。他说清教徒就是"对宗教改革进行再改革"的一群人，这正是所有清教徒一致追求的目标。不是说他们自以为纯洁，而是说他们想要把教会和他们自身尚未洁净的东西除掉。他们想要改革，而关于改革到底是什么样子，他们却莫衷一是。他们想要把宗教改革应用到它尚未触及的每一个领域。他们把宗教改革看成是好事，但宗教改革尚未完成。

正确，但令人生厌？

在我们去读他们的故事之前，必须先把甩在他们身上的污泥抹掉，才能真正理解他们。

事实上，真实的清教徒形象与我们以为的典型形象不同。我们想象这样一幅图景：有一群人穿着伊丽莎白时期华丽的泡泡袖和紧身胸衣，还有一群人穿着微笑骑士令人愉悦的环状领和紧身上衣，在他们中间，是一群穿着黑衣的清教徒，而且他们还绷着脸。清教徒的肖像都是如此，因为这是他们参加主日崇拜时所穿的最好的衣服（此外，坐在那里让人画肖像也是一桩正式的事情）。可在其他日子里，他们可能会穿上各种颜色的衣服。约翰·欧文（John Owen）或许是当时最伟大的清教徒神学家了，可他穿过牛津大学时也是一副绅士的行头：头发喷过粉，细麻领衬上系着贵重的饰带，上身穿丝绒装，下身穿马裤，及膝之处有锯齿形缎带，脚着西班牙皮靴，皮靴顶部饰有细麻镶边。

他们也不是一群满脸阴郁的老顽固。

与民间流行的印象相反，清教徒不是苦行僧。即便他总是警告人们说，堕落之人滥用被造之物是虚空，但他也不会赞许穿刚毛衬衣或吃干面包。他也喜欢美酒佳肴，喜欢平常人享受的舒适。他在嘲笑蚊子的时候，也发现没有啤酒时喝白开水是艰难的日子。[1]

坦率地说，清教徒是一个人数众多且存在差异的群体。如果说"所有的清教徒"都是某种类型，势必会误导别人。当然，有一些清教徒的确不苟言笑。比如威廉·普林（William Prynne）就曾写道："我们的典范基督耶稣……他总是哀伤，从不大笑。"然而，有人可能是这样，但绝不意味着别人也是这样。

他们中间有许多人热心于改革生活的方方面面，这会给他们带来一定程度的迂腐。比如，后期的美国清教徒科顿·马瑟（Cotton Mather）就曾在日记中写道：

> 有一次，我正在把天然的蓄水池放空，在墙边放水。* 这时来了一只狗，也在我面前这样做……[他惊觉他的行为把自己降格为"动物的状态"]于是我立志，无论何时，每当我停下来想要满足我一个或另一个天然需要的时候，我都要把它变成一个在脑中塑造某种圣洁、高贵和神圣思想的机会。

有人也许会说，这未免太小题大作了吧！但请让我再说一遍，我

---

* "天然的蓄水池"指膀胱，"放水"指撒尿。——译者注

们不要以为所有清教徒都是这样。

他们都热爱圣经,热衷于研读圣经和听讲道。这是把他们连为一体的最重要的特质。也正是这个特质,使人们误解了清教徒。我们不止一次听人说,有的清教徒会快乐地走几个小时的路,就是为了听一次又好又长的讲道;他们认为好好地研读一段圣经要比整晚跳舞不知好多少倍! 有时讲道长达七个小时也是确有其事。剑桥大学的以马内利学院当时是清教主义的温床,长寿的劳伦斯·查特顿(Laurence Chaderton)曾任该学院院长,他曾为他连续讲了两个小时的道向会众道歉。可会众的回应却是喊道:"先生,看在上帝的份上,请接着讲!"在那些未曾经历过圣经有令人震撼之处的人看来,这样的行为往好处说是无聊,往坏处说就是癫狂。欧洲缺少人们能读懂的圣经已经长达千年之久。这个福音——能够读懂上帝的话语,并从中看到上帝拯救罪人,不是因他们悔改得有多好,而完全是凭着上帝自己的恩典——就好像地中海上空的阳光照进宗教罪污的灰暗世界一样,有着令人陶醉的吸引力和诱惑力。

确实,若不理解这一点,就很难理解这些清教徒。比如,"呼喊者"约翰·罗杰斯('Roaring' John Rogers)曾有一次在萨福克和艾塞克斯交界处的一个景色优美的小村

由清教徒组成的英格兰议会:托马斯·古奇(Thomas Gouge)、威廉·布里奇(William Bridge)、托马斯·曼顿(Thomas Manton)、约翰·弗拉维尔(John Flavel)、理查德·薛伯斯(Richard Sibbes)、史蒂芬·查诺克(Stephen Charnock)、威廉·贝茨(William Bates)、约翰·欧文(John Owen)、约翰·豪(John Howe)、理查德·巴克斯特(Richard Baxter)

庄讲道,这次讲道就有典型的清教徒色彩。约翰·豪根据托马斯·古德温(Thomas Goodwin)的记忆记载如下:

> 在这次讲道中,他(罗杰斯)劝告村民不要忽视圣经(恐怕我们今天情况更严重)。他在百姓面前扮演上帝,对他们说:"我把圣经托付给你们已有很长时间了,你们竟忽视它了。在许多人的家里,圣经被放在一边,上面盖满灰尘和蜘蛛网。而你们就是不肯翻开来读。你们就是这样使用圣经的吗? 好吧,从今以后,你们不会再有圣经了。"随后他从自己的坐垫上拿起圣经,做出要离开的样子。可他突然转过身来,在上帝面前扮演百姓,哭喊着恳求说:"主啊,您对我们怎么做都行,就是别拿走圣经。就是杀我们的孩子,烧我们的房子,毁我们的财产,都没有关系,只求您把圣经留下来,求您不要把圣经拿走。"随后他又在百姓面前扮演上帝,对他们说:"你们这样说吗? 好的,我再给你们一点时间试试。这是我的圣经,是给你们的。我要看看你们会怎样使用它,你们是否会更爱它,是否会更珍惜它,是否会更遵守它的诫命,是否会践行它的教导,并按照它来生活。"但是他的做法却使得全体会众出现奇特的状态,他此生从未在教会见过这种状态。教堂俨然变成了波金,会众哭成一片,几乎被泪水淹没。*他后来跟我说,他走出去想要骑马上路,及至他来到马旁边,却伏在马颈上哭了一刻钟,才有力量骑上马。就这样,他自己和那些会众在轻忽圣经的事上得了告诫,印象深刻。

在清教徒看来,圣经是世界上最珍贵的东西,若不明白这一点,上

---

* 参见《士师记》2:4-5,"耶和华的使者向以色列众人说这话的时候,百姓就放声而哭;于是给那地方起名叫波金(就是哭的意思)。"——编者注

述整个故事就会特别令人费解。清教主义就是以圣经为独一权威对人生的各个方面进行改革。是清教主义把对上帝的敬畏放入了当政者的心中。

根除"教宗的余孽"

伊丽莎白女王以英格兰特色的新教建立起英格兰教会之后，清教主义开始出现。新教徒乐见英格兰从罗马的压制下恢复过来。但也有些人并不满足于伊丽莎白所开创的局面，他们就是后来被称作清教徒的那些人。他们并不想离开英格兰教会，因为它毕竟是教会（在伊丽莎白统治早期的确有人离开英格兰教会，但人们一般不称他们为清教徒）。在他们看来，英格兰教会大半软弱无力，需要很多改革。他们中有许多人曾在玛丽统治期间流亡瑞士，见过教会在各个领域该是什么样子。就好像在今天，英格兰人若拿他们自己的铁路系统和瑞士相比，就会摇头。那时候英格兰的清教徒拿伊丽莎白的英格兰教会和加尔文的日内瓦相比，也会摇头。比如，英格兰教会的圣职人员仍被称作神父，仍穿着神父的礼服。清教徒就想，会众看到他们这样的装束，一定会误以为他们主要是来做弥撒，而不是来教导他们，难道不是吗？他们在给人施洗时仍用十字架的标志，这一定会扭曲人们对洗礼真理的认识，难道不是把它仅仅当作一种仪式了吗？英格兰教会在证婚时仍会送戒指，把它当作婚姻外在的记号，正如罗马所主张的那样。这难道不是鼓励人们把婚姻当作一项圣事吗？在领圣餐时，会众仍要下跪（他们所领受的不是真正的面饼，而是一块小圆饼，免得有基督的身体掉到地上）。这不是在暗示人们像在弥撒中那样敬拜饼和酒吗？他们的这些做法有什么根据？圣经上哪里有这样的要求？

可麻烦就在于,伊丽莎白尽管是新教徒,却不喜欢她所谓的"新潮流"。她骨子里喜欢老一套(比如以天主教的样式起誓,说"凭上帝的身体")。清教徒感到不自在的那些东西,她却觉得无足轻重。在她看来,英格兰的宗教问题早在 1559 年就解决了：英格兰是新教国家,别的都不必说了。可在清教徒看来,"解决了"宗教问题这一说法就完全有悖于新教的基本信念,即教会要一直不断地改革,越来越符合上帝的道。

清教徒所关心的还不仅仅是人们如何过主日。在他们看来,只要还有大多数人对唯独因信称义知之不多或根本不理解,那么宗教改革的工作就不能算完成。单单改革教会运作的方式并不够,宗教改革还关乎转变个人的生命。它所要致力达成的目标并不只是表面上相信新教,而是内心中真挚的福音派信仰。

这一切的苗床就是大学,尤其是剑桥大学。颇具影响力的导师比如劳伦斯·查德顿就认为,大学的主要目的就是为国家输送传道人。他不允许他的学生在校园住太久,他们应该走出去,每个人为自己找到一个讲坛。当他们走出去的时候,大学时代形成的友谊就成了彼此扶持的关键因素。

清教徒传道人知道附近还有哪些清教徒,部分原因是因为有这样的联系。没过多久,就会兴起一种"大聚会"。届时,会有许多人聚集到一起,几位牧师轮流讲道。然后他们会就讲道内容进行讨论,以便帮助彼此改进讲道。会众在一天之内就可听到平时一个月才能听到的讲道,并且从中受益。当时,这样的大聚会极为流行。人们会长途跋涉赶来享受大量的讲道(在那个时代,交通不像现今这么便利)。有钱人通常会尽其所能赞助这样的活动,为传道人提供饮食。这些活动非常有意义,因为在这里,教义不是从上面传递下来的,而是人们可以本着圣经自由讨论的。

这种自由讨论产生的后果之一,就是到了 16 世纪 70 年代,一代

改变灵魂

尽管理查德·巴克斯特是在距第一代清教徒近一个世纪之后才开始牧会，但他在这个问题上所说的话一定会得到所有清教徒的热诚回应：

> 哎呀！我们搞几场仪式，改变衣饰、手势和外观，就算宗教改革了吗？不是啊，先生！我们要做的事是使灵魂归向上帝，并因而得拯救。这是宗教改革最主要的部分。

理查德·巴克斯特(1615—1691)

在这个问题所涉及的各个领域中，巴克斯特都将成为清教徒的模范。他相信，如要实现这样的改革，定期讲道是不够的。他需要花时间和信徒在一起，确保他们真的明白福音，将之应用在具体的情境中。此外，巴克斯特还要亲自辅导他们。于是，在17世纪50年代，他开始在基德明斯特(Kidderminster)小教区每年探访一次区内的每一位居民，和每家人交谈一个小时。这样，他一个星期就必须探访十五个家庭。这样做的果效真令人吃惊：

> 简而言之，(若有哪位清教徒说他会简短说话，不要信他!)我刚到那里的时候，街道上只有一户人家敬拜上帝，呼求主名。等我离开的时候，在有些街道，没有一户人家不敬拜上帝，不严肃地公开表明敬虔。这让我们对他们的真诚充满希望。

人已经成长起来，他们不再容忍等候改革了，而是愿意提出更为强硬的观点。许多人甚至主张，教会运作的每一方面都要在圣经上找到明确依据，才符合真正的宗教改革的要求。这种做法在某些方面显得有点荒谬：在崇拜中，牧师一定要站在某个地方不能走动，他们坚持说，这是因为彼得"就在弟兄中间站起来"（徒1：15）；一个主日必须要有两次崇拜，因为《民数记》28：9记载每个安息日要献两次燔祭等等。有些人开始提出教会的治理模式也需要改变，不应该由主教来决定本地教会如何运作，而是由本地牧师组成的小组来商讨决定。换句话说，他们开始提倡在英格兰教会中推行长老制。

当然，这样的言论在伊丽莎白听来像是无政府主义，是反抗业已建立起来的体制。1570年，刚刚被任命为剑桥大学道学教授的托马斯·卡特赖特（Thomas Cartwright）做了一系列演讲，他在论述中赞成长老制。结果他很快就被革除教职。六年以后，伊丽莎白决定要尽快解除大聚会带来的威胁，于是委派新上任的坎特伯雷大主教埃德蒙·格林德尔（Edmund Grindal）前去镇压。格林德尔是彻底的新教信徒，当他看到大聚会是上帝之道广传的渠道，有许多人从中受益，便不肯听命镇压。结果，他被软禁在兰贝思宫（Lambeth Palace），被剥夺了一切可能帮助清教徒的权力，直到1583年去世。

他的继任者约翰·惠特吉夫特（John Whitgift）是专制校长式的人物。他喜欢让每个人都签一份声明，表明自己是"好学生"，愿意遵守《公祷书》，不会在他们不喜欢的地方进行刁难。许多人不愿在这份声明上签字，就被禁止在教会中做牧养工作。这对于大主教本人来说，似乎解决了问题，但也加深了清教徒全体的不满情绪。1588年，清教徒中有人开始做出激烈反应。一位署名为马丁·马普列莱特（Martin Marprelate）的作者发表了一系列小册子。"马丁·马普列莱特"是笔名，一方面是暗示走马丁·路德的路线，另一方面是向普列莱特（prelate，意为"高级教士"，即主教）表明某种不快。这些小册子指斥惠特吉夫特在兰贝思宫中举行同性恋宴会，把其他主教说成是粪堆、撒但的差役等等。这位"马丁"写起这样的文字来显然乐在其中，可这种泼污泥的做法总不会有任何好结果。至此，清教主义与煽动叛乱和无视秩序扯上了关系。

于是，英格兰官方开始搜查印制这些小册子的秘密印刷所，并以此为借口在某些清教徒传道人家中清查不符合官方规定的危险读物。在短短的几年内，英格兰通过立法取缔清教主义。随着1593年《反清教徒议会法案》(Parliamentary Act Against Puritans)的出台，有一些分离主义的带领人被处以绞刑，许多清教徒领袖也有性命之虞。这时，仇敌抓住机会践踏落难的清教徒。

剧作家对清教徒也怀恨在心。因为清教徒批评当时的剧院在许多方面像妓院；此外，由男人饰演女性角色（因当时没有女演员）会鼓励同性性行为。然而，剧作家不喜欢他们的得意之作被说成是"魔鬼欺哄人的浮华"，于是倒打一耙，在他们的作品中把清教徒当作他们取笑的对象（莎士比亚就曾在《第十二夜》[Twelfth Night]中写过一个叫马伏里奥的清教徒）。当然，那些不想理会清教徒的言论而照常逛酒馆和剧院的人，对这样的嘲讽之词毫不在乎。

伊丽莎白统治的最后十年对清教徒来说是黑暗的日子。有些清教徒无视政治因素，继续做着宗教改革当做的事（改变灵魂）。还有些人知道苏格兰的詹姆斯六世不久会成为英格兰国王，因而心存忍耐。

基督教界最明智的傻瓜

詹姆斯绝对是吃着苏格兰传统食物，受着加尔文主义教育长大的。他是每一位清教徒的希望所在。现在，他们以为终于可以有一位归正的君主了。不止如此，詹姆斯还受过良好教育，写过好几本专著，他谴责烟草和巫术，还讨论政治和神学。他一定会对要紧的神学议题作出正确判断。因此，当伊丽莎白驾崩，詹姆斯到达伦敦之前，就有清教徒向他递交请愿书，请求修改在他们看来仍稍带"教宗色彩"的祷告书。

次年，即 1604 年，詹姆斯在汉普顿宫召集了一次会议，以回应清教徒的请愿。在会上，清教徒和满足于现存祷告书的那些人都可向他陈述情由。可对清教徒不利的是，詹姆斯习惯于按苏格兰约翰·诺克斯的追随者那样，做事可以激烈，但不抓人下监。到开会的时候，英格兰清教徒的代表谦恭顺服，而詹姆斯误以为他们无甚大事。更为糟糕的是，詹姆斯怀疑清教徒的真实动机是想要使英格兰教会向长老制倾斜。于是詹姆斯说（带着浓厚的苏格兰口音）："如果国王可以同意，上帝和魔鬼也就都可以同意……那样的话，随便什么杰克、汤姆、威尔和迪克都要聚到一块儿，随便来向我请愿了。"在詹姆斯看来，改革都挺好，只要别影响到上天赐给他的君王权柄，这才是他最在意的。清教徒实际上没有取得任何成果。清教徒曾提出要完成一部圣经新译本，这倒是詹姆斯唯一喜欢的提议。要是能有一部新译本，他就可以丢掉日内瓦圣经那些恼人的页边注了。因为有些页边注竟然写道：要是君王不好，基督徒就可以不顺服他。就这样，英王詹姆斯钦定本圣经被委托给一批人进行翻译。

当然，对清教徒来说，一切都还没有到令人悲观失望的地步。第二年（1605 年），有一伙天主教徒密谋借着炸毁国会大院来除掉国王并摧毁政府，史称"火药阴谋"（the Catholic Gunpowder Plot）。然而东窗事发，密谋失败。这件事使得全国舆论远离天主教，并转而有利于清教徒。詹姆斯甚至任命一些热心的清教徒担任主教，使得清教主义能够发出有影响力的声音。

然而，詹姆斯像伊丽莎白一样，强硬要求教会符合官方规定，这对一些清教徒来说成了压垮他们的最后一根稻草。在伊丽莎白统治期

策划"火药阴谋"的几个人

间，清教徒忍受了她的妥协政策，盼望以后还有好日子。可如今詹姆斯登上了王位，还是唱着一样的调子。显然，妥协政策还会存在下去。不仅如此，詹姆斯似乎还不时地与清教徒唱反调。比如，1618 年，他颁布了《消遣运动诏书》(Book of Sports)，规定只要不涉及虐待动物，大多数消遣运动都是可接受的，都是基督徒可在主日下午参与的。对清教徒而言，其残暴之处在于，牧师竟被要求在主日讲坛上宣读《消遣运动诏书》。而当时大多数清教徒普遍严格守安息日，对他们来说，这样的要求完全是正面挑衅。他们要么拒绝宣读，要么宣读完之后，加上一句："当记念安息日，守为圣日"。

正因如此，在詹姆斯统治期间，越来越多的清教徒选择离开。有些只是离开了英格兰教会，有些离开了英格兰本土。1607 年，有一群人乘船驶往荷兰（当时常见的选择）。他们在那里也是过着黯淡的日子，让他们更像是背井离乡之人。于是，1620 年，他们与来自普利茅斯的一些热心的流亡者会合，登上"五月花号"，扬帆起航，奔向了新世界。这一行动激发了清教徒的想象力：敬虔之人逃离英格兰的压迫，就像是以色列人逃离埃及。他们也正像以色列人一样，追寻自由的应许之地。他们在那里要建立新英格兰，建立新耶路撒冷。没有了旧世界的桎梏，他们要在那里营造一个全新的社会。那会是一个"山上之城"，是这世界的灯塔。那种前景真是很诱人，不久就有成千上万的人在追寻这前景了。

然而，在英格兰本土，清教徒不再是一股合一的力量，而是分崩离析，形成各自不同的群体。群体之间会就是否要留在英格兰教会争论不休，同时，越来越多的神学问题拦阻他们走到一起。有的清教徒离开英格兰，是为了追求他们心中的纯粹基督教的理想。这样的人越多，清教徒在英格兰的影响力就越弱。理查德·薛伯斯看到这个趋势即将成为清教徒的主要问题，颇感惊惧。他说："这些人本来已经从这世界分别出来了，而今竟然彼此分离，撒但和他的爪牙见此情景一定很高兴。我们的不和就是仇敌的乐歌。"

理查德·薛伯斯 vs. 道德主义的危险

不列颠宗教改革的整体过程表明，新教很容易仅仅成为一个政治党派。在英格兰，不理解或没有经历上帝拯救的恩典没有关系，只要热心反对天主教即可。那时几乎每个人都去教堂，所以做个挂名的新教徒一点也不难。正因如此，清教徒力劝人们要有个人生命上的更新，他们这样做就是要对抗当时英格兰教会的那种风气。

然而，这样的对抗也有相当大的危险（不仅威胁到清教主义，也威胁到德国的路德宗敬虔主义）。清教徒想要人们对福音做出回应，这可能会导致他们把着眼点放在回应福音，而不是福音本身。也就是说，他们若要看一个人的生命是否得到更新（他对福音做出了正确回应的迹象），就容易去关注他在个人圣洁生活方面是否有成长，而宗教改革所关注的称义问题反而被淡化了。换句话说，清教徒的危险之处在于，他们会倾向于关注圣洁生活，把它看成是对福音的回应，却没能宣告上帝赐下的白白的救恩。

这样一来，尽管有很多人去教会听了许多关于十诫的讲道，却仍然不是很明白上帝如何赦免他们，甚至不清楚上帝是否会赦免他们。结果，他们的行为所表明的，就好像他们得救与否倚赖于他们的生活圣洁与否（这是路德起初的问题）。再加上有人严厉警告要逃避永远的惩罚（这个警告相当严厉：威廉·柏金斯［William Perkins］"会以强调的语气说出'永远的惩罚'这个词，乃至在听众耳畔留下令人悲伤的回响，久久挥之不去"），让许多人陷入极度的焦虑中。按托马斯·古德温的说法，结果就是，他们更关注自己的属灵光景。"许多人的头脑被自己的心思所占据……乃至'他们很少想到基督'。"他们不能向外看，不能仰望基督白白赐下的恩典，而被迫陷入病态的内省当中。他们想看看，自己的内心是否感觉足够良善，是否有足够的信心让他们可以信靠（这样，他们是信靠自己的信心得救，而不是信靠基督）。

恰是在这一点上，有些清教徒牧师的牧养工作给清教徒带来医治，让他们焕然一新。理查德·薛伯斯（1577—1635）就是这样一位杰出的榜样。薛伯斯受训于剑桥大学，后来成为该校圣三一教会的传道人。1617 年，他开始在声望卓著的格雷律师学院（Gray's Inn）担任传道人，这是英格兰的四所律师学院之一。他在格雷律师学院一直工作到去世。在这里，他有机会向当时一些最重要的人物讲道，其中的许多人在接下来的动荡岁月中将统治英格兰。1626 年，薛伯斯被委任为剑桥大学凯瑟琳学堂校长（不久又同时兼任

理查德·薛伯斯

圣三一教会传道人）。薛伯斯从此同时担任三个在英格兰最有影响力的职位，并借此推广慈爱上帝的甜美福音。他是以传道人的身份为后人所怀念的。他是当时侍奉最有果效的福音派传道人。人们说他是"嘴上抹蜂蜜的""来自上天的薛伯斯博士""发糖果的人"等等。他的讲道很有吸引力，据说当时内心最刚硬的罪人故意不去听他讲道，就是害怕听了他的讲道之后就会归信上帝。

针对当时的自省文化和倚赖自我道德的文化，薛伯斯根据《马太福音》12：20讲了一系列的道（这节经文本身是引用《以赛亚书》42：3）："压伤的芦苇，他不折断；将残的灯火，他不吹灭。等他施行公理，叫公理得胜。"为了"缠裹破碎的心灵"，他把这一系列讲章整理成一部讲章集出版印行。讲章集的题目为《压伤的芦苇和将残的灯火》(*The Bruised Reed and the Smoking Flax*)。这部讲章集至少对另一位重要的清教徒理查德·巴克斯特的归信起到重要作用。

当然，薛伯斯详加讲解的这节经文是指向耶稣的。这让我们看到，他在讲道中是多么强烈地以基督为中心。这正是他讲道的显著特征。他这样做绝非偶然，而是要把听众的目光从自己的内心转到救主那里，因为"他的怜悯是何等的长阔高深，远超我们的罪和愁苦"。何以如此？是因为"上帝的爱在基督里，他也喜悦基督。我们可以确知，我们若在基督里，他也喜悦我们！"因而，作为基督徒，我们在属灵光景中的确据不在于我们信心的力度，也不在于我们的表现，而在于"三位一体上帝的三个位格彼此和谐一致"，以及圣父对圣子的爱。基督徒蒙父所爱，是因着圣子的功绩，而不是因着我们自己的善行。正因为上帝是一个爱的共同体，基督徒才可以有确据。

薛伯斯没有把道德的重担放在处于挣扎中的年轻基督徒身

上，而是让他们看到基督的吸引力，使他们可以从心底里爱他。此后，基督徒的首要任务就是"就近他爱和怜悯的火，让我们自己暖起来，因基督在爱和怜悯中为我们献上自己"。只有在这样做的时候，基督徒才真正从心底里停止犯罪（反之，若只改变行为，这对他们心里的罪毫无功效）。换句话说，薛伯斯相信，罪的解决之道不是试图过没有罪的生活，而是信靠上帝白白赐下的恩典福音。

《压伤的芦苇》一书是向牧者吹响的一声号角，呼吁他们更多效法基督去做牧养工作。不是用重担压伤软弱的人，而是把福音的氧气吹到基督徒生命燃着的灯芯上。令人玩味的是，薛伯斯在该书结尾处提到了路德（他说，上帝既已借着路德"燃起那堆火，整个世界就再也不能熄灭它了"）。他似乎是在说，就是在对宗教改革进行改革的过程中，真正的改革精神也可能会消失。热心的基督教道德主义既然已经看不到上帝的恩典，就为中世纪天主教的所有疑惑和焦虑开了一道后门，使它们源源不断地流回来。薛伯斯和像他一样的清教徒奋力在教导和宣扬的是"基督仁慈的本性和职分。对这两者的正确认知是为基督所做的一切服侍的源泉，也是从他那里得安慰的源泉"。而他们这样做正是为了维护宗教改革的这一精髓。

被推到崩溃的边缘

詹姆斯一世的儿子查理口吃，他在成为国王之前，就在公关方面磕磕碰碰，颇显笨拙。詹姆斯天真地以为只要让他的儿子和西班牙国王信奉天主教的女儿成婚，就可以调和新教和天主教之间的关系。而在民众看来，詹姆斯此举是在表明，他多么希望当初西班牙舰队入侵英格兰的行动能够成功。查理倒是看明白了这一点，没有和西班牙公主成亲。可当他于 1625 年登基时，却娶了法国公主亨利埃塔·玛丽亚（Henrietta Maria）。这个决定同样是灾难性的。这位公主到达多佛的那一天，身后就跟着一大队天主教神父。英格兰人见此情景，就以为查理是个秘密的教宗追随者。

查理当然是高派教会的成员。他任命更符合自己口味的人作主教（英格兰教会的"高派教会"鄙视宗教改革，称之为"宗教走样"〔Deformation〕，他们故意按照宗教改革之前的风格建筑教堂），甚至任命牛津大学的学者威廉·劳德（William Laud）为坎特伯雷大主教。劳德是个小人物，而且永远不会得到剑桥大学的清教徒的信任，但他却是查理的理想人选。劳德不会赢得人们的支持，因为他似乎把所有的热情都留给了他的宠物猫和大乌龟。实际上，他几乎根本就不作任何尝试。查理重新颁布他父亲的《消遣运动诏书》。若有牧师不肯打球，或不肯在讲坛上宣读这份诏书，劳德就乐见叫他们暂停牧会。真正让民众反感的是劳德太喜欢推行敬拜仪式和秩序了（当然是他自己的敬拜仪式和秩序）。比如，他在教堂里安装了圣餐围栏。民众见此就猜想，这要么是那位爱猫的人想要限制普通英格兰人爱狗的自由（当时，英格兰人习惯带狗去教会），要么就是在推行教宗那一套。等到后来劳德坚持让人领受圣餐时在围栏前下跪，大家就知道后一个猜想是对的。此外，劳德指派的牧师也与以往不同。在诺里奇，有一位老妇人看到牧师穿着朱红色的圣衣站在圣餐桌前，就疑惑为何由市长来主领圣餐。世道之变由此可见一斑。

这一切足以触发民众大规模对抗，也使得更多人同情清教徒。然而，接下来发生的事情使形势更加紧张。1637 年，有三位慷慨激昂的演讲者被捕了，随后被带到星室法庭（the Star Chamber）。但这个所谓的法庭似乎不受法律的制约。威廉·普林曾批评王后亨利埃塔·玛丽亚的生活方式；亨利·伯顿（Henry Burton）曾把所有主教描述成"自命不凡的糯糊底儿"*；约翰·巴斯特维克（John Bastwicke）也批评了劳德所指派的主教。他们因此被割掉了耳朵，普林的脸还留下了烙印。他们被拖曳着穿过伦敦的大街，直到柴堆旁。查理当局原以为，在场的民众会像往常一样朝他们身上扔垃圾。相反，人们却向他们表示声援。这让当局感到不祥，却不出人意料。因为这一代人是读着"血腥"玛丽治下那些殉道者的故事长大的。这些故事被约翰·福克斯（John Foxe）详实地记载在《殉道史》（*Book of Martyrs*）一书中，而且这本书就放在英格兰城乡各地大大小小的教堂里。此时，人们亲眼目睹了普林、伯顿和巴斯特维克的结局，大有似曾相识之感，这让他们内心感到不安。

尽管当时的英格兰已是怨声载道，可查理和劳德还是一意孤行。同年，也就是 1637 年，查理决定让苏格兰和英格兰保持一致，他认为此时正是最佳时机。从这时候起，苏格兰教会凡事都要根据祷告书来做（这份修订后的祷告书相比英格兰教会所使用的祷告书，带有更多的高派教会色彩，旨在帮助苏格兰人加速赶上来）。可令查理始料不及的是，虽然诺克斯去世六十多年了，但他的精神仍活跃在苏格兰这片土地上。在爱丁堡的圣吉尔斯大教堂（St Giles' Cathedral），正当新任主教想要宣读新版祷告书的时候，会众中有人朝他扔凳子。随后发生了一场暴动，这位主教仓皇逃跑。而在布里金（Brechin），新任主教可不敢冒这个险，他准备好两支手枪，上好子弹，把枪口对准会众之后，才开始根据新版祷告书主领崇拜仪式。

苏格兰人团结起来，订立誓约（有许多人用自己的血签名），反对查理的改革。英格兰派出两支军队北上，以惩罚苏格兰人的放肆。然

---

* "自命不凡的糯糊底儿"（upstart mushrumps），意即已没多大用处了，却仍自以为了不起。——译者注

The Arch-Prelate of St Andrewes in Scotland reading the new Service-booke in his pontificalibus assaulted by men & Women, with Crickets stooles Stickes and Stones.

祷告书暴动

而英军本不愿意镇压苏格兰人，遂以战败告终。不列颠各处的许多人这下看明白了，这位新国王为了再次引入教宗那一套，不惜与自己的百姓开战。他甚至准备动用爱尔兰的天主教军队来达成目的。整个国家不久陷入一场内战。代表剑桥的议员奥立弗·克伦威尔（Oliver Cromwell）是天生的将才，他率领清教徒士兵击败了查理的军队。

"伟大的新时代"

这场内战绝不仅仅关乎宗教，然而，正如克伦威尔自己所说的那样："一开始宗教不是我们战斗的目标，但上帝最终让我们为它而战。"清教徒看到了机会，他们认为实现自伊丽莎白决定信奉新教以来他们一直为之奋斗的理想指日可待。约翰·弥尔顿曾说："上帝命定要在他的教会中开创一个伟大的新时代，乃是要对宗教改革进行改革。"他

国王查理一世受审

所说的就是这个时代。从 1643 年到 1649 年，有一百多位清教徒神学家聚集在威斯敏斯特，目的是为了创建一个新的、经过正确改革的国家教会而商议起草必要的文件。他们要建立的是一个没有主教的教会（劳德大主教于 1645 年被处决），是一个长老制的教会（当然也为像克伦威尔这样的公理制会友留有余地）。这个教会要有一份经过改革的全新信条（《威斯敏斯特信仰告白》[the Westminster Confession Faith]），还要有与之相匹配的要理问答。《公祷书》被威斯敏斯特《公共崇拜指导书》（Directory of Public Worship）所取代。

1649 年，国王因叛国罪被处决。从此，这个国家就完全不同了：没有了国王，也没有了主教。整个国家先由议会统治，不久后由克伦威尔本人作为"护国公"来统治。对于清教徒而言，这是历史上前所未有的机遇。

历史由牧师来书写

17 世纪 50 年代并不仅仅是清教徒教牧活动的伟大时代（想一想理查德·巴克斯特在基德明斯特（Kidderminster）度过的黄金岁月就可知一二），也产生了许多最伟大的学术成果。

理查德·薛伯斯有一位老朋友，名叫詹姆斯·厄谢尔（James Ussher），时任爱尔兰大主教。他是当时最重要、最多产的清教徒学者中的一位。17 世纪 50 年代，他写的《世界编年史》（*Annals of the World*）出版了。这部世界史皇皇巨著开头这句话相当有名："根据我们的年表，公元前 4004 年 10 月 23 日（根据儒略历的算法）即是时间的起点"（这个日期被标注在詹姆斯钦定版圣经的页边注里长达数十年，并因而流传下来）。我们若因此把厄谢尔当作天真的怪人加以拒斥，那就完全没有道理了。在 17 世纪的学者看来（像开普勒和牛顿

詹姆斯·厄谢尔（1581—1656）

这样的大科学家也持这些观点），上帝创造世界的时间被定在公元前 4000 年前后。正如哈佛大学教授斯蒂芬·杰·古尔德（Stephen Jay Gould）所说的那样，"厄谢尔代表了那个时代最高的学术水准"，尽管他完全不赞同厄谢尔的观点。当时，大多数学者所持定的前设不同于嘲笑厄谢尔的那些人，即他们认为圣经是推定年代信息的可靠来源文本。

我们不必拘泥于此，因为厄谢尔不是单单要推算创世的日期。《世界编年史》一书吸纳了当时所能搜集到的一切历史资料，涵盖了从创世之初一直到公元 70 年的世界历史，是一次影响深远的重大尝试。在今天看来，这样的学术研究或许过时了，可在当时却是最高水准的研究。厄谢尔和他的学界同仁写出的这部皇皇巨著堪称清教主义"伟大时代"的成熟果子。

这个全新的英格兰共和国成立前后显著的不同点就是它如今有着极大程度的宗教宽容。如今,公开表达与老牌英格兰教会的不同得到鼓励,因而有许多不同的教派浮现出来。英格兰成为"纯粹的新教"之地,在许多神学问题上存在分歧如今也是可以接受的。此外,英格兰也欢迎犹太人回到他们中间。(他们认为犹太人或许可以归信耶稣。以色列若归信了,耶稣的再临就可提前发生。但英格兰允许犹太人自由地敬拜上帝。)这在将近四百年来还是第一次。

然而,这也意味着 17 世纪 50 年代的英格兰扮演了激进群体的东道主角色。当时,英格兰有贵格派(Quakers,他们强调"内里的亮光"而不是外在的话语)、马格莱顿教派(Muggletonians,他们的先知约翰·瑞夫[John Reeve]教导说只有耶稣是上帝,当耶稣在十字架上受死的时候,摩西和以利亚就不得不管理宇宙三天)、兰特教派(Ranters,对这些人而言,所谓罪只不过是幻象而已,因为"在洁净的人,凡物都洁净"[多 1:15])等。兰特教派为奸淫、公开裸体、在狂喜状态下亵渎上帝辩护。正是这些人成了人们批评清教徒共和国的把柄。难道"完全改革"就是这个样子吗?

然而,人们反对清教徒政府的主要原因,还是因为它想要把严格的基督徒行为要求强加给国民。剧院被关闭了;通奸被定为死罪;起誓(只是说"以我的生命担保")可能被课以重罚;安息日被抬高(比如在安息日出门,若不是去教会就是违法行为);"迷信的"节日(比如圣诞节)被废止,代之以每月一次的禁食日。在圣诞节那天,士兵们会在街上巡逻,逐门逐户查看,若有谁家做肉食,食物就会被没收。民众自然对此生厌。普通市民,无论他们处于何种属灵光景,都被政府要求去过那种所谓的"圣洁"生活,这是他们无法容忍的。这段经历玷污了此后英格兰人心中的清教主义,人们开始想要一个"愉快的"政府带给他们轻松的生活方式。

风流君主

没过多久，英格兰人又想要一位国王了。他们曾想把王冠给克伦威尔（当然他没接受）。1658 年，克伦威尔去世。由于找不到得力的继承人，英格兰人很快就把王冠给了查理，而查理的父亲正是被他们处决的。

查理二世于 1660 年宣布登基。凡是英格兰人在过去十年间所见到的一切，查理二世都反其道而行。他喜欢西班牙猎犬和女人。有人说这位"风流君主"有多少只西班牙猎犬，就有多少位情妇。其中七位情妇为他生了十四个私生子。原本在共和国治下，通奸罪是死罪，而今在查理治下，贞洁才该受惩罚——被人轻视。查理对神学分歧满不在乎。对此，谁敢有什么微词？如果说他还有什么宗教信仰的话，那就只能说他在内心深处是天主教徒（当然他在临终前归信了罗马天主教）。

在这种氛围下，反对清教主义的做法既普遍又残酷。1662 年，《公祷书》再次被强制推行。此时，英格兰政府为了一劳永逸地结束争端，就强迫牧师宣告《公祷书》不含有任何与上帝之道相违背的内容，因而他们在教会中不能偏离《公祷书》的规定。有五分之一的牧师（约有两千人）拒绝这样做，因而被革除了牧职。为了防止他们继续做牧养工作，1664 年，《非国教教徒秘密聚会法令》（the Conventicle Act）规定，若有超过五个人在英格兰教会之外进行有宗教性质的聚会，即被视为非法。次年，《五英里法令》（the Five Mile Act）禁止他们在从前做过牧养工作的"自治市镇"周围五英里之内活动。清教主义在法律上被剥夺了话语权。

然而，清教徒的工作仍在继续。有些被革除牧职的牧师想办法到别处获得了牧师职位。也有些地方与任何"自治市镇"的五英里范围不搭边（比如英格兰中部地区，也就是今天的伯明翰所在地）。这些地方就成了不从国教者的营垒。还有一些牧师勇往直前,把生死置之度外。1665年和1666年,伦敦遭遇了一场灾难,火灾在全城蔓延。有许多牧师不顾法律禁令留了下来,牧养受灾的会众(并且警告他们不要犯罪,说罪是"灾难中的灾难",犯罪过后就是永恒的火灾)。这种直接无视法律的结果,使得逼迫变得更为猛烈。在接下来的二十年里,有大约两万名清教徒被关进监狱。苏格兰的状况更糟糕。在那里,非法讲道是死罪,并且为了搜查非法传道人,官方可以任意采取刑讯逼供。

背负重担的人

　　17世纪60年代和70年代有许多人为了信仰坐监,其中最著名的或许就是约翰·班扬了。他因非法讲道坐了十二年牢。然而,他却利用这十二年的时间构思并写出了《天路历程》这样一部清教徒的文学经典。《天路历程》是一部关乎每位基督徒的寓言(从毁灭城走向天城的旅程),但它也具体反映出班扬自己的经历。他曾做过补锅匠,常常背着五六十斤重的铁砧和工具箱来往于各个村庄。他在《天路历程》中写到那位天路客背负着罪的重担,这罪的重担的原型就是班扬自己背负过的重担(直到他来到十字架前,把重担"从肩上卸下",才大得宽慰)。

约翰·班扬(1628—1688)

　　他在狱中还写下了《丰盛的恩典》一书,直接叙述了他自己的归信过程。他在这本书中以亲身经历为例,向我们阐述了内省式的道德主义,以及他自己找到的答案,颇具启发性,而内省式的道德主义正是理查德·薛伯斯所抨击的。班扬描述了他年轻时一想到天堂和地狱，就不免感到绝望："对我来说，现在才顾及天堂真是太晚了，因为基督不会赦免我。"可他又说，当他试图做得更好时，"我得到的平安反反复复，一天竟有二十多次。此时得了安慰，不一会儿烦恼又来了"。

> 有一天，当我经过田野的时候，我的良心中感到一些恐惧，生怕我的生活光景不对劲。突然有句话进入我的心中："你的义是在天上。"此外，我相信我用灵魂的眼睛看到了耶稣基督坐在父上帝的右边。我说，我的义的确在那里。所以不论我在哪里，不论我在做什么，上帝都不能说，他要我有义，因为我的义就在他面前。此外，我也看到，并不是我的状态好些，我的义就多些。也不是我的状态不好，我的义就少些。耶稣基督本身就是我的义，他"昨日、今日，一直到永远，是一样的"（来 13：8）。这样一来，锁链就都从我的腿上脱落了。我从苦恼和羁绊中得着了释放。从此试探离开我，那些可怕的经文也不再困扰我。我欢喜快乐地回到家里，因为上帝的恩典与慈爱临到我。

> 班扬所传讲的一切都贯穿着这个信息。有一次，查理二世当着曾担任过牛津大学副校长的约翰·欧文的面谈到约翰·班扬，他说："那位不识字的补锅匠又在唠唠叨叨。"这位学者当即回答说："陛下，我若能得到那位补锅匠讲道的本领，我情愿放弃一切学问。"由此可见，约翰·班扬的讲道水平有多高。

这些为信仰而受逼迫的人也算是清教主义的后起之秀了。尽管如此，查理二世的统治是从根本上攻击清教主义，使它渐渐枯萎。

他还不只是让现有的传道人噤声。没过多久，查理二世颁布了一项法律，规定只有圣公会信徒才能担任公职，也只有圣公会信徒才能上大学。这就把不从国教者变为二等公民，使他们无法对社会带来影响，也无法推动社会进步。不仅如此，剑桥大学和牛津大学曾是清教徒的神学院和培训基地，但此后整整一代人都无法受到这样深入的清教徒神学训练了。有神学水准的人渐渐绝迹。这样一来，清教主义就成为越来越肤浅的运动，没有人会认真对待它了。这才是清教徒要面临的真正问题。清教主义毕竟是关乎言词（以及上帝之道）的一场运动，如今，清教徒失去了受教育的机会，这场运动的肌肉也就渐渐萎缩了。更为糟糕的是，后来，许多清教徒的信仰之舟渐渐与圣经的港湾失去了强有力的联系，他们慢慢偏离了基督信仰最为基要的信念，例如三位一体。

清教主义的衰亡过程极为缓慢，我们甚至很难说清楚清教徒时代到底结束于何时。他们没有经历一场最终的大灾难，也没有最终止步的地方。英格兰教会中仍有低教会派信徒，但有那么多人已经被逐出教会，被噤声，被压制，以至于曾经盛极一时的运动如今分崩离析，无人带领。直到 1700 年，没有人再会用"清教徒"一词。那时，人们说到他们时也只是轻蔑地称之为"异议分子"，不入流的次等群体，毫无力量，任人赶逐。但从另一个意义上来说，如果清教主义是"对宗教改革的再改革"的话，那么问"清教徒时代是何时结束的"，就等于在问"宗教改革运动是何时结束的（或是否已经结束）"。这正是我们在下一章要回答的问题。

注释：

1. Edmund Morgan, *The Puritan Family：Religion & Domestic Relations in 17th Century New England*（Harper Perennial, 1966）, p. 16.

第 7 章

宗教改革结束了吗？

"我们之间最首要、最尖锐的争议"

　　加尔文在给萨多雷托枢机主教回信时就是用这句话来描述因信称义的教义。他写得再准确不过了。马丁·路德曾在读《罗马书》1 章时领会了称义全然是上帝的恩赐，不是我们所能挣得。从那时起，如何称义就一直是宗教改革的首要问题。路德曾写道："就算天地和这世界暂存的东西都废去了，这个信条也决不能放弃，没有妥协的余地。"这个信条是"教会存在的根基，否则教会就不复存在了"。但并不是每个人都了解这一点。像伊拉斯谟这样的人以为，改革只不过是让道德像溪水般清纯而已；激进分子认为改革就是一味反抗旧的事物；茨温利翻开圣经，但并没有找到路德有关称义的想法。此外，马丁·布塞和理查德·巴克斯特等人对称义也有不同理解。然而，路德读《罗马书》1 章的经历注定要成为主流宗教改革的模式：称义的本质是通过圣经才得以发现。使宗教改革成为宗教改革的就是称义问题。

　　上帝白白地称罪人为义，对于那些接受这一点的人而言，因信称义就是给人安慰和喜乐的教义。正如威廉·丁道尔所说的那样："*Evangelion*（就是我们所说的福音）这个希腊文单词，意思是愉悦、高兴、喜乐的好消息，它使人心愉悦，扬声歌唱、手舞足蹈、欢喜雀跃。"路德觉得他自己因着福音而"全然重生了，他已然穿过洞开的大门进入了乐园"。也难怪，他这么一个频频失败的罪人，竟因着披戴基督的公义而蒙受上帝全然的爱。这个事实给了他信心，让他惊叹。

> 当魔鬼把我们犯过的罪吐在我们面前，并且说我们应得的报应就是死亡和下地狱，我们就该这样回应："我承认我应得的报应是死亡和下地狱。这又如何呢？这意味着我将来就真的被判下地狱吗？断乎不是。因为我知道有一位已经为我受苦，已经为我还清了罪债。他的名字是耶稣基督。他就是上帝的儿子。他在哪里，我就在那里。"

我们可以从宗教改革的音乐中感受到这种因被称义而发自内心的快乐。比如，天主教传统上会在举行弥撒时唱一首《和撒那》。帕莱斯特里纳（Palestrina）算得上 16 世纪的罗马官方音乐家，他于 1555 年为教宗马塞路斯（Marcellus）谱写了一首全新的《和撒那》弥撒曲。这首弥撒曲反映了罗马反宗教改革的属灵倾向：尽管这首曲子编排得很精致，可信众在静听诗班吟咏时总能听到某种毫无感情、恭顺服从的情调来。一百九十年后，虔诚

约翰·塞巴斯蒂安·巴赫

的路德宗信徒约翰·塞巴斯蒂安·巴赫也写了一首《和撒那》,与帕莱斯特里纳写的那首大不一样。同样的诗句被谱入音乐,可在路德宗信徒巴赫的手中,这诗句却产生出全然不同的回响。整首曲子准确无误地表现出无拘无束的热情和喜乐。这就是相信路德的称义教义带来的自然结果。

那么,罗马教会的那些人又如何呢? 他们又是如何回应路德关于称义的教导呢? 一想到一堆堆焚烧异端分子的柴堆被点燃,一道道革除教籍的谕令被发出,这个问题的答案似乎不言而喻。可实际上,他们的反应相当复杂。宗教改革最初的二十几年,在意大利有一群颇具影响力的学者和教士对此运动相当支持。其中一位重要人物就是枢机主教加斯帕罗·康塔利尼(Gasparo Contarini)。康塔利尼出生在威尼斯,与路德同年。他也曾像路德一样有过一次"豁然开朗"的时刻,只不过比路德早几年而已! 1511 年复活节前一天,他明白了基督的义是如何"归给我们,使我们连于基督,披戴基督"。于是他主张我们应该仰赖"基督那已归给我们的义,而不是我们内里固有的圣洁和美德"。

加斯帕罗·康塔利尼枢机主教

然而,康塔利尼不像路德那样读了那么多神学。尽管他发现了弥撒和炼狱的真相,却没能看清这些发现所蕴含的冲击力。此外,他天真地以为他只不过是发现了罗马天主教的真正教导而已。结果,即便他自己对称义的理解和罗马天主教体系之间存在差别,他也从不谴责罗马,而是穷尽毕生精力来调和这个差别。

怀着这个信念,康塔利尼以为他可以轻易让罗马和改教家和解。

1541 年在雷根斯堡（Regensburg）召开的会议，旨在结束天主教与新教之间的分裂局面。康塔利尼自然成了教宗派去参会的最佳人选。令他高兴的是，双方的确就称义问题达成了一致声明。这真是了不起的成就！这份声明主张罪人是因信称义。与会的新教人士对此感到满意。然而，这份声明也解释说，信必须因爱而起作用。这一点又让天主教徒满意了。

然而，信是否只有带着出于爱的善行才能获得基督的义？对此这份声明并没有讲清楚。路德和加尔文都强调说，使人得救的真信心总是会带来出于爱的善行。这样的善行只是称义的**结果**，而不是称义的**原因**。他们二人奋力争战的核心就在于区分这两者，而这份声明恰恰在这一点上模棱两可。这样，天主教徒和新教徒都从中解读出完全相反的意思来。按天主教徒的解读，有爱心对于被称义是必须的，而按新教徒的解读，只有信才能让人得救，但信一定能结出爱的果子。双方只是就这份声明在措辞上达成了一致，但各自的解读则完全不同。因而，这份声明并不意味着真正的一致。路德不能到会，但他拒斥这份声明，说它是胡乱拼凑起来的神学（教宗也这样看）。他对声明中所用的圆滑语言颇感失望："圣经和上帝的诫命在本质上都不会语焉不详。"

天主教和改教家之间缺乏共识，这一点越来越明显，雷根斯堡会议不久即以失败告终。康塔利尼忧心如焚，第二年就在幽禁中死去。没过多久，罗马对宗教改革不再存有任何形式的宽容。至此，康塔利尼复合的希望彻底破碎。四年后，即 1545 年，教宗召开了特兰托公会议（the Council of Trent）。这是罗马天主教的一次盛大集会，其目的是一劳永逸地确立天主教的地位。

罗马从特兰托发出的声音不再模棱两可，而是大声、清楚、目空一切地宣示了她的立场。首先，罗马拒绝宗教改革提出的**唯独圣经**原则，而是坚持认为信徒既要忠于圣经（这次会议确定圣经也包括次经），也要同样忠于口头流传下来的基督和使徒关于信心和道德的教

特兰托公会议

导。据此，罗马教会又进一步把称义定义为"不只是罪得赦免，也包括成圣和内在生命的更新"。

改教家坚持认为，称义是上帝宣告罪人已经被赐予基督的公义地位，尽管他仍是罪人，而特兰托公会议则把称义看作逐步成为圣洁并因而越来越配得救恩的过程。二者之间的差别再明显不过了。为了确保没有混淆，特兰托公会议宣布了一系列诅咒，反对它定义为异端的称义观点。比如：

第 9 条：若有人说，罪人是唯独因信称义······他就该受诅咒（要永远被定罪）。

第 11 条：若有人说，单单因为基督把他的义归给人，人就称义，或单单因为罪得赦免，人就称义，乃至把圣灵浇灌到人心中并留在人心中的恩典和仁慈排除在外，或说我们赖以称义的恩典只不过是上帝的良善旨意而已，他就该受诅咒。

第12条：若有人说，使人称义的信心只是信靠上帝的怜悯而已，并且说上帝出于怜悯才因着基督的缘故赦免罪，……他就该受诅咒。

第24条：若有人说，得到的义不被保持，也不会在上帝面前通过行善而增加，而是说那些善行只不过是称义的果子和迹象而已，说善行不是义增加的原因，他就该受诅咒。

不出所料，特兰托公会议进而确认了有关圣事、炼狱、赎罪券和神父职分等官方教义。为了使原有的罗马天主教会更为纯洁，更为强

大，特兰托公会议也制定了一些实际的改革（比如，在每个教区开设一所神学院）。这次会议促使罗马天主教在16世纪后半叶经历了一场复兴。腐败被根除，敬虔的修士和修女建立起全新的修会，天主教宣教士去到世界的尽头。然而，康塔利尼以及双方和解的日子一去不复返了。罗马被清扫干净了，而就关乎救恩方面的信仰而论，她仍像以往一样与宗教改革相去甚远。

反宗教改革的先锋、耶稣会的创始人伊格纳修·罗耀拉

四百年以后……

16世纪行将结束之时，每一位新教徒都知道教宗是敌基督。在欧洲信奉天主教的地区，人们喜欢给猪取名叫"路德"。如今，情况大不

一样了! 在 21 世纪,天主教徒和新教徒的合作屡见不鲜。他们携手共同面对来自世俗化、相对主义、无神论、伊斯兰教等方面的威胁。实际上,与自由派新教徒相比,今天的福音派信徒发现他们与罗马天主教有着更多的相通之处。此外,在当今这样一个瞬息万变的时代,新教在教义方面退后,反而突显出罗马天主教的始终如一。天主教的这一特点吸引了许多人。切斯特顿(G. K. Chesterton)在解释他为何会皈依天主教时写道:"唯有它(指天主教)能使人摆脱时代的奴役。"从诅咒到握手! 难怪人们普遍认为罗马和宗教改革一方之间极有可能重归于好。

然而,到底今天的罗马天主教和福音派有多接近? 真的接近吗? 根据马可·诺尔(Mark Noll)教授和卡罗琳·奈斯特龙(Carolyn Nystrom)合著的《宗教改革结束了吗?》一书的观点,二者非常接近。他们引用 1996 年在加拿大和美国进行的一次旨在评估福音派信仰的民意测验数据作为证据。在这次民意测验中,应答者只要同意下面这四条就被算作是福音派信徒:圣经是上帝所默示的话语;我已经把生命交托给基督,我把自己看成是已归信的基督徒;鼓励非基督徒成为基督徒很重要;通过耶稣的生命、受死与复活,上帝为我的罪得赦免预备了一条路。民意测验的结果是,大部分天主教徒被标记为"福音派信徒"。实际上,加拿大的"福音派信徒"中天主教徒占了四分之一。而在美国,在受访的天主教徒中,每四人中就有三人是"福音派信徒"。我说这一切不是要冒犯天主教徒,有许多天主教徒已经自称为"福音派信徒"了。[1]

然而,这次民意测验的问题在于它压根没有提出宗教改革的特有观点。在 16 世纪,宗教改革分界线两侧的人都会欣然同意上文的四句话,都可以把自己标记为"福音派信徒"(或许要把某些激进分子排除在外)。圣经是上帝默示的、把生命交托给基督、宣教、上帝通过耶稣为我们预备救恩,这四点从来就不是争论的要点。同样,当诺尔和奈斯特龙提出三位一体和基督的位格这类问题时,也发现天主教和福音派观点一致。他们为之喝彩,但也同样是喝错了地方。当然,在这些方面没有分歧,所有基督徒都该为此欢庆才是,可事实是在这些方面从来就没有存在过分歧。然而,这些领域的一致,并不表明自宗教改革以来发生了任何变化。

从根本上说,宗教改革关乎如何称义。改教家从圣经中所发现的因信称义,塑造并支配了他们与罗马之间分歧的几乎所有方面。如此说来,倘若宗教改革真的结束了,其主要原因一定是两方对称义的理解达成了一致。

诺尔和奈斯特龙坚持认为两方实际上已经达成一致了。关于如何称义,"许多天主教徒和福音派信徒如今所信的几乎一样"。[2] 当然,这个令人吃惊的断言存在争议。在天主教平信徒所持的广泛观点外,今天的确有一些很有影响的天主教神学家在称义问题上准备好像路德那样发声。比如,约瑟·费茨米尔神父(Joseph Fitzmyer, S. J.)在他所写的《罗马书》注释中,否认称义是逐渐变得更为圣洁的过程(传统的天主教观点),而是主张称义涉及基督凭着恩典把他的义归给罪人。路德要是听到他这样讲,一定会吃惊得下巴掉到地上。

即便如此,在罗马天主教中,个人私下里的观点(有陷入谬误的可能)和教会的官方观点有着明显差别。个人可以保留自己的观点,但他们的观点不带有任何权威。纵观罗马天主教的历史,从古至今,有许多神学家因为观点与正统观点不同而遭惩戒。

那么,接下来的问题是,自从特兰托发出隆隆的咒诅令以来,正统天主教的教导改变了吗? 诺尔和奈斯特龙对此似乎是肯定的:"新教徒意识到他们以马丁·路德或加尔文为旨归,他们曾经常常反复强调称义的问题是关乎教会是否站立得住的关键条款。……若果如此,那么宗教改革已经结束了。"[3] 这种自信是从哪里来的呢? 1999 年宗教改革日(即 10 月 31 日,就是路德把《九十五条论纲》贴到教堂大门上的那一天),罗马天主教会和路德宗世界联合会就称义的教义签署了一份联合声明,声称"签名的路德宗各教会和罗马天主教会如今能够就称义问题表达共同的理解"。路德要是知道了这份声明,肯定会得心脏病。

然而,仔细看来,这份联合声明和当年康塔利尼致力达成的雷根斯堡协议没什么两样。就像在雷根斯堡一样,这份声明把使人称义的信心描述成在爱中才能起作用的信心,却没有仔细审视这样说到底是什么意思。整体看来,若有人宣读这份联合声明,他很难弄明白声明到底在说什么。他的印象好像是起草声明的人在用词句来裱糊缝隙,而不是在清晰地表达。我们在上帝面前的地位并不倚赖于我们成长得越来越圣洁,这是宗教改革所坚持的信仰。这份声明显然缺少这一点。称义被描述成"罪得赦免"**再加上**"从罪的支配力量中得释放"。这和宗教改革对称义的定义大相径庭。它或许是联合声明,但却不是宗教改革的落幕。

要弄清现今天主教关于称义的教导,比较容易的办法就是查看由教宗约翰保罗二世(John Paul II)授权印行的《天主教要理问答》。这是对罗马天主教信仰的最简洁的阐释。要理问答赞同特兰托公会议的定义:"称义不只是罪得赦免,也包括成圣和内在生命的更新。"它接下去解释道:"称义使人**摆脱**与上帝之爱相背离的罪,并且把罪从他的心中洁除掉。"据此,称义包括在圣洁上的成长,所以要理问答自然得出结论说我们可以靠善行为我们自己挣得永生。

同样,这份要理问答接着又认可了炼狱和赎罪券,让我们清楚看到传统的天主教有关称义的教义如何发挥作用。这些教义与宗教改革对称义的理解根本不符。正如路德所说,我被赐予基督的公义地位,而这地位无论如何并不倚赖于我的心灵或生命的光景。若是如此,我不需要有一个炼狱好使我更配得上天堂,也不需要赎罪券让我更快上天堂。

毫无疑问,罗马有一些转变,尤其是在 20 世纪 60 年代以后。但涉及当初引发宗教改革的那些神学问题时,没有一项教义被撤销。罗马对称义的观点依然遵照特兰托公会议的陈述。正如它仍然相信(也是要理问答所说的)"要以同样的敬畏来接纳并尊奉圣经和传统"。这样看来,为促进在基督里达成更大的合一而付出的努力应该得到赞许,但从现实情况来看,宗教改革仍未结束。

"苍白的伊拉斯谟啊,你已经得胜了;
这世界因你的气息而灰暗"

关于宗教改革所要面对的那些问题今天还在,这个说法让我们很不舒服。塞缪尔·约翰逊(Samuel Johnson)曾说:"先生,就我来说,我认为所有基督徒,无论是罗马天主教徒还是新教徒,双方在基本信条上都是一致的。他们之间的差别无关紧要;这些差别与其说是宗教上的,还不如说是政治上的。"大多数基督徒也宁愿这样附和。我们不单是因教会的持续分裂而哀伤,我们的反应所暴露出的我们的内在光景,或许要比新教和天主教之间的关系更为重要。

在现代人听来,宗教改革的辩论有些矫情,在言词上不饶人。我们会问,我们到底是因信称义(罗马同意的说法),还是**唯独**因信称义(改教家坚持的说法)? 为两者间的细微差别争执不休值得吗? 何况只是为一个词而争执! 这只能让那些教义嗅觉最敏锐的人感兴趣? 至于在辩论中所用的强硬语言,在现代人听来简直就是刺耳,没有爱心。怎么能说那些辩论如今仍有现实意义呢? 或许有人还想要发起一场运动,重新引入火刑柱,这听起来那么落后、那么残酷。

在 21 世纪,"单单"凭言词难以取信于我们。它们是用来操纵人的武器,用来胁迫人、使人惊慌失措的工具。我们有比在言词里挑刺更好的事情可做。我们是宽容的。过去,每一座教堂把祭坛改为讲坛,以此作为教堂的焦点。这样的精神一去不复返了。讲坛? 这个词让人想到专制和操控。伊拉斯谟得胜了! 正如我们在第四章中看到的,伊拉斯谟说:"我们宗教的总纲就是和平与全体一致。然而,我们只有尽量少下定义,这些美好的东西才能成立。"简而言之,我们不喜欢神学上的精确性,因为它会在一些议题上引起分裂,而我们凭直觉就知道这类问题并没有实质意义。

当然,路德毫不客气地回应伊拉斯谟说:"你有你爱好和平的神学。你根本不在乎什么是真理。"这听起来有些刺耳,但就是因着这些话,宗教改革才对我们造成令人吃惊的效果。更不必说,所有那些殉道者的呼声(不拘是路德宗的、加尔文主义的、重洗派的、天主教的),都在向我们暗示在 16 世纪多一点点宽容不是一件坏事。我们在回顾宗教改革历史的时候,不禁会问:到底有没有值得我们为之而死的信念? 那许多殉道者为之而死的,若不是真实的,或没有现实意义,那他们所受的苦就是枉然。当然,他们或许弄错了(宗教改革分界线两边的人都以为另一方的殉道者弄错了),可他们的结局不能被轻易忽视,仍需我们深思。

或许由于我们身处的文化氛围假设那些问题并不真实,我们就不重视它们。然而他们所辩论的问题绝不是小事:我死后会怎样? 我是怎么知道的? 称义是上帝赐给我的公义地位(单单凭着信心),还是变得越来越圣洁的过程(凭着信心)? 在这个问题上,我是满有信心地仰赖基督而得救呢,还是也要倚赖我自己的圣洁程度? 这可不是在"教义"的细节上吹毛求疵那么简单。

伊拉斯谟对教义的冷漠之所以令人担忧,是因为它会对人的思想产生禁锢和腐蚀影响。伊拉斯谟所能做到的——也只是他想做的——不过是想把他所在的系统擦拭干净。遇到不那么好的教宗,他至多不过是批评一下而已，并且希望人们更加忠诚。因为不愿介入深层次的教义问题，他只能做一些修修补补的工作。他注定受制于当时教会所处的位置，也一定受制于他所征服的世界。只要我们忽视教义，我们就仍然是统治体系或时代精神的囚徒，无论那体系或精神是什么。

有圣经，却没福音

这么说对伊拉斯谟是否有欠公平？难道不是他编纂了希腊文新约圣经吗？不是他为宗教改革提供了星星之火吗？当然是他。然而，他对待圣经的方式使他尽管拥有圣经（并深入研究圣经），但他本人却改变不大。他以圣经内容模糊不清为借口，没有赋予圣经实际的权威，当然更不用说主导的权威了。结果，对伊拉斯谟来说，圣经只不过是众多声音中的一个，它的信息可任由他裁剪、压缩或调整，以迎合他心目中的基督教形象。

要想突破那种令人窒息的局面，并完成任何重大改革，需要有路德那样的态度才行。而在路德看来，圣经是信仰唯一坚实的基础（唯独圣经）。圣经要被认定为最高权威，并且被用于驳斥并否决其他一些断言，否则，圣经本身就会被否决，它的信息也会被操纵。换句话说，只是对圣经有一点点敬畏，承认圣经有某些权威，都不足以带来宗教改革。唯独圣经的信念才是变革不可或缺的关键。

然而，圣经的权威还不是唯一的问题。为什么是路德而不是伊拉斯谟启动了宗教改革？那是因为他们对圣经内容的认识不同。在伊拉斯谟看来，圣经只是规劝信徒更加效仿基督的道德劝谕集。而在路德看来，读圣经完全改变了他对福音的理解：乐观主义表明对罪的严重性完全无知。正如他看到的,罪人最先需要的是一位救主,而圣经中最首要的信息就是拯救。正如理查德·薛伯斯在路德之后一个世纪所哀叹的那样,这一切都太容易了,以至于人们不再关注基督和他所赐下的义,而这原本是真正变革的核心。对于那些翻开圣经的人来说,若从中看不到基督白白赐下的义,就不可能有宗教改革。

回到未来

你看得越仔细,就看得越清楚:宗教改革主要不是关乎脱离罗马的一场消极运动,而是关乎迈向福音的一场积极运动。纯粹消极的反应是某些激进分子,而非主流宗教改革的标志。不幸的是,对于我们这些热衷于创新的现代人来说,这意味着我们不能简单地把宗教改革归类于"进步"事业。因为那些改教家所追求的不是进步,而是退后:他们不像我们这样会被新事物迷惑,对古老的东西也不会只因其古老而失去耐心。他们的意图是要把最初的古老基督教从千百年人类传统的埋没中挖掘出来。

使宗教改革如今仍发挥效力的正是这一点。如果宗教改革只是回应五百年前的某个历史处境,或者仅仅只是 16 世纪的一点点"进步"的话,那么人们就会期待它结束。但作为一直迈向福音的一个进程,它就不能结束。

当今的状况像过去一样证明,世界仍需要改革。称义的教义通常被当作不重要的、过度执著或令人困惑的东西而避开。关于保罗所说的称义的含义,有些人提出了新的看法。这些新论让人颇为困惑,尤其是有些看法倾向于避重就轻,否认人们需要归信才能称义。这样,路德所说的那个不能放弃、也不能妥协的信条就真的被放弃、被妥协了。这并非是由于用新的方式来解读圣经。不仅如此，我们的文化大谈正面思考，大谈自尊心，这些论调把罪人察觉到的称义需要都抹杀了。总而言之，在现代人看来，路德的问题是他在神圣的审判者面前受罪疚感折磨，那是发生在 16 世纪的问题，我们大可不必管它。因而他以称义来解决问题的办法对今天的我们也没必要。

然而事实上，正是在这个处境中，路德提出的解决方法才发出如此悦耳的声音，成为有切实意义的好消息。我们在上帝面前永远是有罪的，因而需要他来称义，而我们的文化既已抛弃了这个观念，就以更微妙的方式受制于这个老旧的罪的问题，但它却没有任何解决办法。今天，我们的周围弥漫着这样的信息，那就是只要我们变得更有吸引力，就会更蒙爱。这与上帝或许没什么关系，但仍是倚靠善行的宗教，而且根植于每个人的内心。为此，宗教改革有着最为闪光的好消息。正如路德所说的那样："罪人因蒙爱而吸引人，而不是因吸引人而蒙爱。"只有这个有违直觉的基督之爱的信息，才是真正的解决之道。

这是与生命深切相关的、美丽的、甜蜜的信息，是赐予喜乐的信息，是藐视死亡的信息：难怪理查德•薛伯斯把宗教改革称为"那整个世界都永远不能熄灭的火焰"。

注释：

1. M. A. Noll and Carolyn Nystrom，*Is the Reformation Over? An Evangelical Assessment of Contemporary Roman Catholicism*（Baker and Paternoster，2005），pp. 12 - 13,23.
2. Noll and Nystrom，p. 232.
3. Ibid.

宗教改革大事年表

1304	"人文主义之父"彼特拉克出生
1305—1378	教宗宅邸移至阿维农
1324(?)	约翰·威克里夫出生
1372	约翰·胡斯出生
1378	教宗"大分裂"开始
1384	约翰·威克里夫去世
1414—1418	为结束大分裂的局面,康斯坦茨公会议召开
1415	根据康斯坦茨公会议的命令,约翰·胡斯被处决
1440	罗伦佐·瓦拉证明"君士坦丁赠礼"是一份伪造文件
1450(?)	约翰·古腾堡发明印刷机
1453	罗马帝国的残余君士坦丁堡被奥斯曼土耳其人占领
1466(?)	鹿特丹的伊拉斯谟出生
1483	马丁·路德出生
1484	胡尔德里希·茨温利出生
1492	哥伦布发现美洲大陆
1505	路德进入修道院
1509	约翰·加尔文在法国的努瓦永出生
1516	伊拉斯谟编订的希腊文新约出版
1517	路德在维滕堡教堂的大门上张贴《九十五条论纲》
1519(?)	路德在"高塔经历"中体悟因信称义的教义。茨温利开始在苏黎世讲道
1520	路德出版了三本论宗教改革的小册子,并且焚毁教谕
1521	路德在沃尔姆斯受审。路德在瓦特堡过着受保护的隐居生

活，并在这里把新约译成德文。亨利八世为反对路德撰写《捍卫七圣事》，并因而被授予"信仰的捍卫者"称号

1522	路德完成新约的德文译本
1523	苏黎世正式支持茨温利的神学
1524—1525	德国农民战争
1525	苏黎世发生第一次成人洗礼
1526	威廉·丁道尔完成新约英文译本的翻译工作
1528	帕特里克·汉密尔顿因异端罪在圣安德鲁斯市被烧死
1529	路德和茨温利在马尔堡会谈，未能就圣餐的意义达成一致
1531	茨温利在卡佩尔战役中丧生。托马斯·比尔尼因异端罪在诺里奇被烧死
1534	亨利八世被宣布为"英格兰教会最高元首"。路德的圣经全本德文译本首次出版
1534—1535	明斯特王国
1536	加尔文抵达日内瓦。《基督教要义》第一版出版。伊拉斯谟去世。威廉·丁道尔被处决。英格兰开始解散修道院
1538	加尔文被赶出日内瓦，在斯特拉斯堡住下来，与布塞同工。在英格兰，民众读英文本圣经合法化
1541	为消除新教神学和天主教神学之间的差异，两派的神学家在雷根斯堡会谈。加尔文回到日内瓦
1542	罗马异端裁判所成立
1545—1563	特兰托公会议
1546	路德去世
1547	亨利八世去世。他的儿子爱德华继任，即爱德华六世。爱德华六世持新教立场
1553—1558	女王"血腥"玛丽在英格兰恢复罗马天主教
1558	伊丽莎白一世继任为英格兰女王，建立英格兰国教这一温和的新教
1559	加尔文的《基督教要义》定稿。约翰·诺克斯回到苏格兰

1560	苏格兰"宗教改革",议会正式宣布成为加尔文主义国家
1564	加尔文去世
1572	有几千名法国新教信徒在巴多罗买节被屠杀
1576	伊丽莎白一世命令格林德尔大主教镇压清教徒的"大聚会"
1588	西班牙舰队入侵英格兰,以失败告终。"马普列莱特"撰写的粗俗小册子出现
1593	《反清教徒议会法案》颁布
1603	苏格兰的詹姆斯六世继承伊丽莎白一世的王位,成为英格兰的詹姆斯一世
1604	汉普顿宫会议
1605	火药阴谋
1618	詹姆斯一世颁布《消遣运动诏书》
1618—1619	多特会议
1620	"五月花号"从英格兰普利茅斯起航,开往美洲的马萨诸塞州
1625	查理一世继承他父亲的王位,成为英格兰国王
1633	威廉·劳德成为坎特伯雷大主教,英格兰再次颁布詹姆斯的《消遣运动诏书》
1637	星室法庭判定普林、伯顿和巴斯特维克有罪,爱丁堡发生祷告书暴动
1639	查理一世向苏格兰派遣第一支军队
1642	查理一世和议会之间爆发内战
1643—1649	威斯敏斯特会议制定了《威斯敏斯特信条》、两份要理问答和《公共崇拜指导书》
1649	查理一世被处决。英格兰宣布成立共和国
1658	护国公奥立弗·克伦威尔去世
1660	查理二世被宣布为英格兰国王
1662	有约五分之一的英格兰神职人员因不肯遵循祷告书而被驱逐。对不从国教者的逼迫开始

进深阅读

(＊＊为"必读")

宗教改革的背景

如果想感受中世纪罗马天主教之下的欧洲生活,可读 S. Doran and C. Durston, *Princes, Pastors and People: The Church and Religion in England, 1500–1700* (Routledge, 1991)。稍微进深的著作可参考 R. N. Swanson, *Religion and Devotion in Europe c. 1215–c. 1515* (Cambridge University Press, 1995)。

若要了解中世纪思想,可以阅读路易斯(C. S. Lewis)的杰作 *The Discarded Image: An Introduction to Medieval and Renaissance Literature* (Cambridge University Press, 1994)。

马丁·路德

＊＊每位基督徒都应读一读罗伦·培登(Roland Bainton)堪称经典的路德传记《这是我的立场——改教先导马丁·路德传记》(*Here I Stand: A Life of Martin Luther* [Abingdon, 1950])。＊ 要是睡前读这本书,你会手不释卷,欲罢不能。

＊＊为什么不试着去读路德本人的作品呢? 你可以在这个网站找到他的名作《论基督徒的自由》:

http://www.theologynetwork.org/historical-theology/starting-out/the-freedom-of-the-christian.htm 若想了解更多,可以读 Timothy Lull 汇编的 *Martin Luther's*

＊ 本书中译本参见罗伦·培登:《这是我的立场——改教先导马丁·路德传记》,古乐人、陆中石译,上海三联书店,2013年。——译者注

Basic Theological Writings（Fortress，1989），该文集收录了路德较为重要的作品。

茨温利和激进改教家

若想品读茨温利的最佳著作，可参考"On the Clarity and Certainty of the Word of God"（《上帝之道的清晰性与确定性》），G. W. Bromiley（ed.），*Zwingli and Bullinger*，Library of Christian Classics（SCM，1953）。

最优秀的茨温利传记或许是 G. R. Potter，*Zwingli*（Cambridge University Press，1976）。

若要更多了解激进的宗教改革，G. H. Williams 的 *The Radical Reformation*（Weidenfeld & Nicolson，1962）可以提供你需要知道的一切。若想读激进分子所写的著作，可参考 G. H. Williams and A. M. Mergal，*Spiritual and Anabaptist Writers*，Library of Christian Classics（SCM，1957）。

约翰·加尔文

＊＊加尔文的《基督教要义》（*Institutes of the Christian Religion*）＊是必读书。本书书名听起来有些吓人，其实内容易读，字里行间饱含热情。若有可能，可读 F. L. Battles 根据 1559 年版译出的两卷本（Westminster Press，1960）。

另外，选读有关加尔文的其他著作时要小心，因为书店里充斥着许多对加尔文带有论断和偏见的书。可以参考 T. H. L. Parker 的著作，他对加尔文其人及其思想都有不错的论述。

不列颠的宗教改革

有一本书帮助大家了解是什么推动了英国的改教家，它就是莱尔（J. C. Ryle）

＊ 本书中译本参见加尔文：《基督教要义》，钱曜诚等译，孙毅、游冠辉修订，北京：三联书店，2017年。——译者注

主教的经典作品 *Five English Reformers*（Banner of Truth，1960）。这本书非常出色！

若想了解一位英格兰改教家的情感和心声，可浏览该网站刊载的 John Bradford 的每日祷告文：

http://www.theologynetwork.org/historical-theology/starting-out/daily-meditations-and-prayers.htm

此外，这本简介也很有帮助：S. Doran and C. Durston，*Princes，Pastors and People：The Church and Religion in England，1500－1700*（Routledge，1991）。

叙述英格兰宗教改革运动的经典作品是 A. G. Dickens，*The English Reformation*（2nd ed.，Pennsylvania State University Press，1989）。本书观点现已过时，但仍能让人很好地认识整个英格兰宗教改革的故事。

若要了解宗教改革横扫欧洲的大图景，不妨去读 Diarmaid MacCulloch，*Reformation：Europe's House Divided 1490－1700*（Penguin，2003）。读这本书就像是在同时观看一部史诗和一出喜剧一样。若要读一本个人意见色彩不那么浓厚的书，可参考 Euan Cameron 所著的 *The European Reformation*（Clarendon，1991）。

清教徒

＊＊首推薛伯斯所著的《压伤的芦苇》（*The Bruised Reed*）＊。开卷之前最好准备擦眼泪的手帕！Banner of Truth 出版社为方便读者阅读使用，将本书收录进清教徒平装本丛书中出版。本书网络版可参考：

http://www.theologynetwork.org/christian-beliefs/the-holy-spirit-and-christian-living/starting-out/the-bruised-reed.htm

＊＊若想了解清教主义美味可口的菜单，可参考 K. M. Kapic and R. C. Gleason，*The Devoted Life：An Invitation to the Puritan Classics*（IVP，2004）。

＊＊J. I. Packer 所著的 *Among God's Giants：The Puritan Vision of the*

＊ 本书中译本参见薛伯斯：《压伤的芦苇》，郭熙安译，美国：麦种传道会，2017 年。——编者注

Christian Life（Kingsway，1991）是另一部帮助我们深入理解清教徒智慧的杰作。

宗教改革结束了吗？

若要深入理解宗教改革对称义的观点，可阅读伟大的清教徒作家约翰·欧文所著的 *The Doctrine of Justification by Faith*（参见 Banner of Truth 出版的《欧文选集》第五卷）。欧文的作品需要慢慢咀嚼消化，因为其中包含的思想实在丰富。

本书作者不同意马可·诺尔和卡罗琳·奈斯特龙的结论，但他们合著的 *Is the Reformation Over? An Evangelical Assessment of Contemporary Roman Catholicism*（Baker and Paternoster，2005）一书，在说明当前新教和罗马天主教关系状况方面依然有参考价值。

John Armstrong 编辑的 *Roman Catholicism：Evangelical Protestants Analyze what Divides and Unites Us*（Moody，1994）汇集了一组有价值的文章，分析了至今仍存在于新教和罗马天主教之间的分歧。此外，Mark Husbands 和 Daniel J. Treier 也编订了一本文集，里面收录的文章考察了目前与称义教义有关的议题，参见 *Justification：What's at Stake in the Current Debates*（IVP and Apollos，2004）。

本书相关的音频资料、链接和进深阅读资料，请浏览：

www.theunquenchableflame.org

图书在版编目（CIP）数据

不灭的火焰/（英）里夫斯（Michael Reeves）著；孙岱君译.
—上海：上海三联书店，2019.3（2024.12 重印）
ISBN 978 - 7 - 5426 - 6237 - 8

Ⅰ.①不…　Ⅱ.①里…②孙…　Ⅲ.①宗教改革运动-宗教史-
欧洲-中世纪　Ⅳ.①B979.5

中国版本图书馆 CIP 数据核字（2018）第 048140 号

不灭的火焰
——宗教改革简史

著　　者／迈克尔·里夫斯
译　　者／孙岱君
丛书策划／橡树文字工作室
特约编辑／丁祖潘
责任编辑／邱　红　陈泠珅
装帧设计／周周设计局
监　　制／姚　军
责任校对／张大伟

出版发行／上海三联书店
　　　　　（200041）中国上海市静安区威海路 755 号 30 楼
邮　　箱／sdxsanlian@sina.com
联系电话／编辑部：021 - 22895517
　　　　　发行部：021 - 22895559
印　　刷／上海展强印刷有限公司

版　　次／2019 年 3 月第 1 版
印　　次／2024 年 12 月第 6 次印刷
开　　本／640mm×960mm　1/16
字　　数／140 千字
印　　张／13.25
书　　号／ISBN 978 - 7 - 5426 - 6237 - 8/B·564
定　　价／48.00 元

敬启读者，如发现本书有印装质量问题，请与印刷厂联系 021 - 66366565